Über dieses Buch

Dieses Buch ist für alle geschrieben, die schon lange auf eine Veröffentlichung warten, um das Kartenlegen von Grund auf zu erlernen.
In sinnvoll aufgebauten Lernschritten findet der Leser schnell den richtigen Umgang mit den Lenormandkarten. Ein großer Teil ist den Bedeutungen der 36 Karten gewidmet. Humorvoll und gut verständlich schildern die beiden Autorinnen die unterschiedlichen Deutungsebenen. Legungsbeispiele vertiefen das erworbene Wissen. Ein großes Plus stellt die ausführliche Erklärung zur Großen Legung dar. Im Kombinationsteil findet der Leser zahlreiche Möglichkeiten zur Kartendeutung. Auch die Beratungssituation wird mit vielen guten Tipps angesprochen.

Über die Autorinnen

Katrin Rosali Giza und Christine Schlüter verbindet eine gemeinsame Leidenschaft: Die Faszination für die Lenormandkarten.
Beide ergänzen sich optimal: Katrin Rosali Giza gibt Kurse, hält Seminare, arbeitet als Lebenberaterin und ist in zahlreichen Tarotgruppierungen- und Tarottreffs engagiert, während Christine Schlüter eher die stillere, spirituelle Seite lebt und sich auf das Schreiben konzentriert.
Durch diese kreative Kombination entstand das vorliegende Buch.

Katrin Rosali Giza • Christine Schlüter

Ein Kursus im Kartenlegen
Lenormand

Das
Handbuch für Anfänger und Könner –
umfassend und genial einfach

KÖNIGSFURT-URANIA

Bibliografische Informationen der Deutschen Bibliothek
Die Deutsche Bibliothek verzeichnet diese Publikation in der Deutschen Nationalbibliografie; detaillierte bibliografische Daten sind im Internet über http://dnb.ddb.de abrufbar.

Originalausgabe
Krummwisch bei Kiel 2009

D-24796 Krummwisch
www.koenigsfurt-urania.com

Umschlaggestaltung: Jessica Quistorff, Rendsburg
unter Verwendung von Motiven der Bildagenturen Digitalstock (M.Kalwa) und Fotolia (sparkyelli)
Lektorat: Sabine Lechleuthner, München
Satz & Design: Antje + Hermann Betken, Oldenbüttel
Fotos & Illustrationen: Hermann Betken (Illustration unter Verwendung eines Fotos von Fotolia [sparkyelli])
Druck und Bindung: Finidr s.r.o.
Printed in EU

ISBN 987-3-86826-712-9 (Buch & Karten im Set)
ISBN 987-3-86826-713-6 (Buch separat)

Inhalt

Die 36 Karten

Die Kombinationen

Dieses Buch ist all denen gewidmet, die mich unterstützt und mir vertraut haben: Meinen Schülern, die mich inspiriert haben, meinem Mann Thomas, der mich immer wieder motivierte, und Christine, die zur richtigen Zeit am richtigen Ort auftauchte, um gemeinsam mit mir dieses Projekt zu starten.

Mein Dank gilt Elisabeth Drabeck († Frühjahr 2008), deren strukturierte Arbeitsweise mit den Karten ich schätzen lernen durfte und in der ich eine hervorragende Lehrerin hatte, um mein Wissen zu vertiefen.

Katrin Rosali Giza

Mein Dank gilt Rosali, die mit ihrer Voraussage Recht behielt, dass ich einmal schreiben würde, und ganz besonders meiner Familie und allen lieben Freunden.

Christine Schlüter

Kartenlegen ist …
Selbsterkenntnis und
persönliche Entwicklung.

Kartenlegen macht das Leben bunter und reicher.

Stellen Sie sich vor, Sie erhalten Antworten auf Ihre Fragen. Genau das geschieht beim Kartenlegen!

Vorwort

Die Begeisterung für das Kartenlegen lässt sich vielleicht am ehesten mit der Faszination des Menschen unserer Zeit für Selbsterkenntnis und persönliche Entwicklung erklären. Seit Ende der 1990er Jahre erleben die Lenormandkarten einen fast boomartigen Aufstieg, obwohl sie lange Zeit in Vergessenheit geraten waren.

Es handelt sich um ein sehr altes Spiel, das wir heute wieder neu zu entdecken scheinen: Als Mittel zur Selbstanalyse und -entwicklung, als Intuitionstraining, zum Aufzeigen von Zukunftstendenzen und Entwicklung von Perspektiven sowie zur Selbsterfahrung und aktiver Gestaltung unseres persönlichen Lebensweges.

Mithilfe der Lenormandkarten erhalten wir Antworten auf unsere Fragen. Probleme des Alltags können aus spielerischer Sicht betrachtet werden, wenn wir selbst aus unserem Wissens- und Erfahrungsfundus schöpfen und so mit unserer inneren Stimme in Kontakt treten.

Kartenlegen ist ein wunderbares Instrument, um zu Selbsterkenntnis und persönlichem Wachstum zu gelangen und unser Leben dadurch bunter und reicher zu machen. Die Lenormandkarten können dabei als Medium zur Entscheidungsfindung und Orientierung dienen.

Kartenlegen – hierunter verstehen wir nicht etwa Wahrsagerei, sondern ein solides Handwerk, das erlernbar ist, und zu dem wir Ihnen das nötige Rüstzeug mit auf den Weg geben möchten.

Wir sehen uns als Ausbilderinnen zum Kartenlegen, die Ihnen mit diesem Kursus eine Möglichkeit bieten wollen, das Kartenlegen von Grund auf strukturiert zu erlernen.

Mit diesem Buch hoffen wir unserem Ziel näherzukommen, dass sich Kartenlegen als anerkannter Beruf etabliert, indem wir Interessierten all unser Wissen weitergeben, sodass sich seriöse Berater herausbilden.

»**Ein Kursus im Kartenlegen**« soll all jenen ein Leitfaden sein, die sich selbst und anderen mit bestem Gewissen in die Karten sehen möchten.

Kartenlegen ist …

Intuition.

Kartenlegen kann jeder lernen!

Stellen Sie sich vor, Sie lernen eine Fremdsprache – wie damals in der Schule. Genauso gehen Sie vor, wenn Sie die Sprache der Karten studieren wollen.

Einführung

Immer wieder stellen interessierte Einsteiger Fragen wie: »Kann Kartenlegen überhaupt erlernt werden? Braucht es dafür nicht eine besondere Gabe? Bin denn ausgerechnet ich dafür geeignet? Darf ich die Karten für mich selbst befragen? Ich habe nämlich gehört, das klappt gar nicht. Und ich möchte natürlich auch wissen, wann etwas eintritt: Ist es möglich, Zeiten zu bestimmen?«

Kartenlegen kann jeder lernen – beraten auch. Stellen Sie sich vor, Sie möchten eine Fremdsprache studieren. Sie beginnen zunächst mit dem Erlernen der Vokabeln. Nicht anders verhält es sich beim Kartenlegen: Erst einmal werden die Einzelaussagen der Karten gelernt, so dass schon einmal eine gute Basis geschaffen wird, um die Karten zu verstehen. Nun könnte der eine oder andere natürlich erwidern, er erfasse die Karten intuitiv. Prima, nur in der Praxis erweist sich die Intuition bald als bunt zusammengewürfelte Information aus vielen verschiedenen Büchern, von denen mal die eine und mal die andere Übersetzung der Vokabel angewendet wird. Das kann natürlich funktionieren, hinterlässt den Ratgebenden aber leider mit einer gewissen Unsicherheit und dem Zweifel, ob er denn nun auch tatsächlich Kartenlegen kann.

Intuition, das steht fest, ist gespeichertes inneres Wissen aus verschiedensten Quellen. Niemand kann eine Sache intuitiv erfassen, wenn er nicht im Geringsten weiß, wovon er spricht. Gerade bei einer so verantwortungsvollen Aufgabe wie der Beratung. Erlernen des Handwerks ist also der erste Schritt. Wer sich dann auch noch in andere hineinversetzen, verständnisvoll zuhören kann und schließlich vorurteilsfrei und unvoreingenommen seine Karten mischt, hat auch die Gabe, für sich und andere in die Karten zu sehen und zu Erkenntnissen zu gelangen.

Wir alle haben unseren eigenen Weg zu gehen – mit seinen Aufgaben und Hürden, an denen wir wachsen, wenn wir wollen, und seinen glücklichen Momenten. Die Karten helfen uns, die Zeitqualität zu erkennen, in der wir uns gerade befinden. Sie können Tendenzen aufzeigen und uns darauf hinweisen, ob wir uns auf dem richtigen Weg befinden. Sie können auch Alternativen sichtbar machen. Legt man hingegen fest, wann etwas passiert, wird ein natürlicher Prozess unterbrochen. Dies ist nicht zu unterschätzen, denn der Fragende verhält sich möglicherweise anders. Er wartet, dass das ihm prophezeite Ereignis eintreffen möge oder baut eventuell sogar furchtbare Ängste auf. Schließlich ist er enttäuscht, verängstigt oder in Hochstimmung, bloß weil eine hellseherische Aussage, deren Eintreffen im Übrigen äußerst selten ist, ihn an nichts anderes mehr denken lässt (siehe Kapitel 1).

Aus jahrelanger Erfahrung und erfolgreicher Erprobung in der Praxis entstanden wertvolle Tipps, die wir Ihnen mit diesem Buch vermitteln möchten. Einsteiger erhalten so eine sichere Grundlage, die es schon bald erlaubt, aussagekräftige Legungen zu machen. Fortgeschrittene können das Buch nutzen, um ihr Wissen zu überprüfen und vielleicht noch mehr Struktur in den Aufbau Ihrer eigenen Legungen und in ihre Deutungstechniken zu bringen.

Dieses Handbuch ist so aufgebaut, dass in einzelnen Abschnitten gelernt werden kann. Man sollte möglichst Schritt für Schritt vorgehen. Es unterstützt Sie auf dem Weg zum professionellen Kartenleger und Berater oder einfach nur, um ein bisschen mehr als andere zu wissen, über Ihre eigene Person und alle, die Sie um Rat bitten.

Zunächst lernen Sie die 36 Karten ausführlich kennen, dann folgen die Kleinen Legungen, mit denen Sie auf oft gestellte Fragen aktuelle Antworten geben können. Sehr spannend ist auch die ***Charakterdeutung*** – mit ihr können Sie jeden Menschen von allen Seiten beleuchten. Wenn Sie dann die anschließend aufgezeigten Kombinationen erlernt haben, können Sie mit dem Großen Deck beginnen. Der praktische Übungsteil gibt Ihnen Gelegenheit, erworbenes Wissen in kürzester Zeit bei Familien und Freunden auszuprobieren.

Interessenten finden im Anhang Kontaktadressen für eventuelle Fragen und Seminare.

Noch zwei Tipps: Vergessen Sie bei all dem Lernen nicht den spielerischen Umgang mit dem Thema. Und betrachten Sie die Karten als verlässliche Ratgeber, die Ihnen mit der Zeit immer mehr zu sagen haben.

Wer sich jetzt noch immer angesprochen fühlt, hat endlich das richtige Buch gefunden:

Ein Kursus im Kartenlegen mit den Lenormandkarten.

Viel Spaß und Erfolg!

Kartenlegen ist …
… spannend und kreativ.

Kartenlegen bedeutet Einfühlungsvermögen und Aufmerksamkeit. Auf dieser Grundlage können Sie Ihren persönlichen Stil entwickeln.

Stellen Sie sich vor, wie viel Freude Ihnen diese kreative Arbeit machen wird!

Was ist das Besondere an diesem Buch?

Worin unterscheidet es sich von anderen?

In erster Linie möchten wir mit diesem Buch den Karten-Interessierten eine Richtlinie für das Erlernen des Deutens mit den Lenormandkarten anbieten. Allerdings ist uns nicht daran gelegen, stur eine Richtung vorzugeben. Wichtiger erscheint es uns, dass jeder seine ganz eigene Technik entwickeln kann, um Raum für individuelle Interpretationen zuzulassen.

Unsere Meinung ist nicht als allein gültig zu verstehen!!!

Sichtbar wird dies zunächst bei den Kombinationen der Karten: **Wir haben jede Karte mit jeder kombiniert,** um einige Vorschläge zu präsentieren, wie die Karten in Beziehung zueinander gelesen werden können. Ganz bewusst wurde darauf verzichtet, jede nur erdenkliche Kombinationsmöglichkeit zu benennen, was den Rahmen dieses Buches gesprengt hätte. Je länger man sich mit den Karten beschäftigt, desto deutlicher wird man sie sehen können. Und zwar genau das, was man selbst darin erkennt, und nicht, was ein Lehrbuch vorkaut. Selbst ist der Deuter!

Das Thema Gesundheit findet nur ganz am Rande mit Bedacht Erwähnung: Erstens sind wir keine Ärzte, die um einiges diagnosefester als Nicht-Mediziner sind, und zweitens sind wir schon gar nicht der liebe Gott!

Beispiel: Die Karte *Sarg* kann als sehr positiv, aber auch als sehr negativ gedeutet werden (gilt auch noch für andere Karten). Im Einzelfall könnte dies bedeuten, dass der *Sarg* das Ende einer Krankheit anzeigt. Würden wir jetzt von einer Krankheit berichten, die dem Ratsuchenden selbst vielleicht nicht einmal bewusst ist, oder sogar von einem drohenden »Ende« sprechen, wäre unser Fragesteller sehr in Sorge – und wir wären möglicherweise einer fatalen Fehldeutung unterlegen,

Kein Mensch kann einem anderen mit hundertprozentiger Sicherheit sagen, worunter er tatsächlich leidet, und ob es sich womöglich um eine tödlich endende Krankheit handelt. Vielleicht gibt es schon kurze Zeit nach einer von Ihnen gedeuteten schlimmen Erkrankung eine medizinische Möglichkeit, dem Menschen zu helfen, die niemand zum Zeitpunkt der Legung jemals in Betracht gezogen hätte. Auch eine so profane Angelegenheit wie ein Wespenstich kann dem einen nur ein müdes Lächeln und Juckreiz bescheren, für den anderen aber zur ernsten Gefahr werden, falls er an einer Allergie leidet. Wir haben uns deshalb dafür entschieden, Diagnose-Kombinationen, bis auf ganz wenige Ausnahmen, nicht aufzuführen. Keinesfalls hat der Mensch etwas von einer Beratung, die ihn in allergrößte Besorgnis oder tiefste Verzweiflung stürzt. Bitte behandeln Sie daher dieses Thema mit dem nötigen Respekt und ganz viel Fingerspitzengefühl! Wahrsagen bedeutet – zu Recht – *nicht* unbedingt die Wahrheit zu sagen, ganz im Gegensatz zum Kartenlegen, wenn man es verantwortungsvoll betreibt.

Ein weiteres beliebtes Feld sind Zeitangaben. »Wann kommt er/sie denn nun zurück?«, ist eine Frage, die sehr häufig gestellt wird. Lautet dann die Antwort: »Also entweder in zwei Tagen, zwei Wochen oder zwei Monaten!«, ist der zu Beratende natürlich mindestens genauso schlau wie vorher. Wir begrenzen uns daher auf die bei den Bedeutungen erwähnten Daten. Das hat seinen guten Grund: Legt man sich bei der Deutung fest, spielt man Schicksal. Der Fragende hat nichts mehr zu tun als abzuwarten. Dies widerspricht unserer Absicht, beratende Funktion zu übernehmen, völlig. Viel sinnvoller ist es, aufzuzeigen, in welcher Zeitqualität sich etwas entwickelt und wohin der Weg tendenziell geht, wenn man so weitermacht wie bisher.

Ganz wichtig: Wir unterscheiden – je nach Legesystem – zwischen den Einzelaussagen und den Kombinationsmöglichkeiten der Karten. Beim *Keltischen Kreuz* beispielsweise ziehen wir ausschließlich die Einzelaussage zur Erläuterung heran, nicht die Kombinationen! ***Beispiel:*** Im *Keltischen Kreuz* liegt auf Position 3 (»was geht im Kopf herum/woran denkt der Fragesteller«) die Karte *Wolken*, ihr gegenüber auf Position 9 (Hoffnungen und Ängste) liegt die Karte *Fische*. Das heißt, der Fragesteller denkt möglicherweise darüber nach, wie er seine seelischen Bedürfnisse erfüllen kann. Die *Fische* weisen darauf hin, dass er hofft, seine Emotionen in den Griff zu bekommen, aber Angst hat, dass er es nicht schafft und dadurch wieder Dinge tut, die er eigentlich gar nicht mehr machen möchte. Eine Kombination beider Karten *(Wolken + Fische)* könnte bedeuten, dass wir es hier mit einem Menschen zu tun haben, der an Alkoholabhängigkeit leidet. Nun ist es aber verständlicherweise ein himmelweiter Unterschied, ob wir einen Kunden mal eben schnell zu einem Alkoholiker machen – was außerordentlich beleidigend wäre – oder ihm raten, sich zu trauen, seinen Bedürfnissen zu folgen.

Kleine, sehr bedeutsame Unterschiede zwischen beiden, lassen eben den Könner erkennen … – ein wenig Ironie sei uns verziehen!

Sie werden feststellen, dass Sie mit der Zeit die Karten immer klarer deuten können, auch wenn sich manchmal große Zweifel einschleichen sollten. Denken Sie an Ihre Oma, die Ihnen wahrscheinlich auch gern ungefragt den beliebten Rat gegeben hat: »Es ist noch kein Meister vom Himmel gefallen, aber Übung macht denselben!«

Kartenlegen ist …
keine Zauberei.

Kartenlegen
bedeutet
von historischen
Vorbildern wie
Mlle Lenormand
zu lernen, …

… aber eben
auch der eigenen
Inspiration zu
folgen, den
eigenen Gedanken
Raum zu geben, …
sodass Sie schon
bald Erfolge
erzielen.

Historisches

Mademoiselle Lenormand wird 1772 in der französischen Stadt Alençon als Marie Anne Adelaide geboren. Unterricht und Erziehung genießt sie, nicht ganz freiwillig, im dortigen Benediktinerkloster. In jungen Jahren arbeitet sie dann zunächst als Näherin, bevor sie zu ihrem Stiefvater nach Paris zieht, um in dessen Wäschegeschäft Dessous zu verkaufen.

Angeblich von Zigeunern erwirbt Mademoiselle Lenormand ein Kartenspiel, das sogenannte Tarot von Etteilla. Sie beginnt die Karten, wie die Zigeuner, für Zukunftsvorhersagen zu benutzen. Es wird behauptet, Mademoiselle Lenormand hätte kein besonderes Interesse an alltäglicher Arbeit, sodass sie sich immer mehr aufs Kartenlegen und Prophezeien verlegt. Offenbar arbeitet sie während ihrer Klosterzeit heimlich mit Tarotkarten und praktiziert bereits im Alter von erst vierzehn Jahren schon recht treffend und erfolgreich, was wir heute als professionelles Kartenlegen bezeichnen.

Durch ihre Tätigkeit als Verkäuferin verfügt sie schnell über gute Kontakte zur Pariser Gesellschaft, die ihre Arbeit mit den Karten bald zu schätzen weiß. Ihre zum Teil gewagten Prophezeiungen bringen sie allerdings auch das eine oder andere Mal in Kontakt mit Polizei und Gefängnis.

Zu ihrem Kundenkreis zählen Angehörige aller Kreise der Pariser Bevölkerung, darunter Politiker, Bankiers und Adlige. So berät sie vermutlich neben Kaiserin Josephine, mit der sie angeblich eine sehr enge Freundschaft verbindet, Robespierre und Napoleon I. Bonaparte. Dies verhilft ihr zu sehr hohem Ansehen, Ruhm und Geld. Als die *Sybille von Paris* geht sie in die Geschichte ein. Der von ihr vorhergesagte Sturz des Kaisers allerdings wird ihr zum Verhängnis – man schickt sie in die Verbannung.

Am 25. Juni 1843 stirbt Mademoiselle Lenormand einundsiebzigjährig auf ihrem Landsitz in Poissy bei Paris. Schon kurz nach ihrem Tod machen sich

Biographen ans Werk, um über ihr ereignisreiches Leben zu berichten. Weder in diesen Biographien noch in den von Mademoiselle Lenormand selbst verfassten zahlreichen Schriften findet man Hinweise darauf, wie sie zu ihren Aussagen gelangte oder wie sie in der Praxis mit den Karten arbeitete.

Irgendwann im Jahr 1845 taucht in Frankreich das erste Kartenspiel nach ihrem Tod auf.

Überarbeitet wird es von der Gräfin Breteau, Frau eines Buchverlegers, die sich als Schülerin der Mademoiselle Lenormand ausgibt. Ihr Spiel mit 54 Karten wird ein Klassiker. Die Bilder entsprechen dem Alltag der damaligen Zeit.

1850 GIBT DIE FIRMA DONDORF IN DEUTSCHLAND ein Deck mit 36 Karten heraus, die *Petit Lenormand*. Heute finden wir eine Vielzahl wunderschöner, unterschiedlich gestalteter Lenormand-Decks, unter denen jeder nach seinem Geschmack wählen kann. Leider verfügen die meisten nicht mehr über die starke Aussagekraft der historischen Karten, was jedoch nicht bedeutet, dass man mit den nachfolgenden Karten nicht genauso gut deuten könnte.

DIE LENORMANDKARTEN DES KÖNIGSFURT-URANIA-VERLAGS (die 3 Decks *Blaue, Rote und Weiße Eule)* orientieren sich sehr eng an der Ursymbolik der alten Bilder. Für uns ein Grund, mit ihnen zu arbeiten.

3
3
Fährt dies Schiff vorbei,
Reichtum bald Dir sei.
Erbest Gut und Geld,
Siehst Dir an die Welt.
3
22
22
Weg ohn' Wolken hier
Zeigt den Ausweg Dir
Immer aus Gefahr,
Die Dir nahe war.
22

Kartenlegen ...
die wichtigsten Begriffe

Kartenlegen
bedeutet zunächst
Grundbegriffe
kennenzulernen, ...

... und dabei wird
dieses Buch
Sie unterstützen,
sodass Sie in
kürzester Zeit
über Grundlagen
verfügen,
auf denen Sie
aufbauen können.

Bevor wir gleich die 36 Karten erklären, hier noch ein paar Begriffe zum besseren Verständnis:

Das 1 x 1 der Lenormandkarten

Wesentliche und immer wiederkehrende Bezeichnungen, die wir hier kurz auflisten und erklären, erleichtern Ihnen, die Bedeutung schnell und einfach im Text zu erfassen.

Bedeutung der Karte: Umfassende Aussage der Karte (siehe Kapitel 4).

Das Grosse Deck – die Grosse Auslegung – die Grosse Legung – die Grosse Tafel – das Grosse Blatt: Verschiedene Bezeichnungen für die Auslegung aller 36 Karten. Sie werden gemischt und dann folgendermaßen ausgelegt:

Vier Reihen untereinander, jede Reihe erhält 8 Karten nebeneinander ausgelegt. Die übrigen vier werden mittig unter der letzten, der vierten Reihe hinzugefügt.

Einzelaussage: Stichworte zu den Karten, die für die kleinen Legungen und die Häuser zutreffen.

Fragesteller: Wird immer durch die Karten *Herr* oder *Dame* repräsentiert.

Hauptthemenkarten: Bestimmte Karten, die für einen Themenbereich festgelegt wurden.

Haus/Häuser (siehe Kapitel 6):

A: Jede Position der Legesysteme ist mit einer Nummer (Hausnummer) versehen.

B: Die Große Auslegung kennt 36 Positionen, diese werden Häuser genannt. Jedes Haus entspricht einer Karte.
Man beginnt bei 1:
Haus 1 = *Reiter*, Karte 1, **Haus 2** = *Klee*, Karte 2. usw.

Bei der Legung fällt nicht jede Karte in ihr eigenes Haus. Dennoch wird die Aussage des Hauses (**Haus 1** = Grundbedeutung *Reiter*, **Haus 2** = Grundbedeutung *Klee*, ...) zusammen mit der Aussage der Karte, die darauf zu liegen kommt, gedeutet.

Keltisches Kreuz: Legesystem mit 10 Karten.

Kleine Legung: Alle Legungen, für die weniger als 36 Karten benutzt werden.

Kombinationen: Zwei oder mehr Karten werden in ihrer Aussage miteinander verbunden. Dabei ist wichtig, wie die Karten zu liegen kommen, da es Karten gibt, die der Lage nach gedeutet werden.

Lenormandkarten: Die 36 Orakelkarten der Mademoiselle (Mlle) Lenormand (Königsfurt-Urania Verlag).

Blaue Eule: Lenormandkarten mit zusätzlichem Skatkartenmotiv auf der Vorderseite, Rückseite der Karte blau.

Rote Eule: Lenormandkarten mit zusätzlichem kleinen Spruch auf der Vorderseite, Rückseite der Karte rot.

Weisse Eule: Lenormandkarten, farblich neu einkoloriert, mit Skatkartenmotiv auf der Vorderseite, Rückseite der Karte silber.

Personenkarte: Abgekürzt PK (siehe Kapitel 5).

Rösseln, Spiegeln, Korrespondieren: Zusätzliche Deutungsmethoden (siehe Kapitel 10).

Schicksalskarten: Die vier letzten Karten bei der Auslage im Großen Deck – sie geben Auskunft über die nähere Zukunft.

Signifikator: Der Signifikator ist eine Karte, die das Thema, um das es geht, symbolisiert. Diese Karte wird vor der Legung bestimmt und dann bewusst aus dem Deck genommen. Danach legt man die Karte offen auf den Tisch. Alle anderen Karten werden je nach Legesystem um den Signifikator herum platziert.

Beispiel 1: Sie möchten wissen, wie sich Liebesangelegenheiten enwickeln. Nun wählen Sie eine Karte, welche die Person, um die es Ihnen geht, repräsentieren soll. Dies kann die Karte *28 Herr* sein, Karte *29 Dame*, aber auch z. B. die Karte *15 Bär* (siehe Personenkarten). Sie können aber auch die Karte der Liebe wählen, *24 Herz*.

Beispiel 2: Sie möchten etwas über die Entwicklung Ihrer Arbeitssituation wissen. Dann nehmen Sie die Karte *35 Anker* aus dem Deck, da der *Anker* für die Arbeit steht.

Wenn Sie die Arbeit im Zusammenhang mit Gehaltserhöhung betrachten wollen, können Sie als Signifikator die *Fische* auswählen, da die *Fische* mit den Finanzen zu tun haben.

ZAHLKARTEN: Sie weisen auf eine bestimmte Menge hin.

ZEITKARTEN: Karten, die einen Zeitrahmen angeben.

Kartenlegen ...
... verlangt sicheres Deuten.

Kartenlegen
heißt
verschiedene
Ebenen zu
beleuchten und
zu verknüpfen.

Stellen Sie
sich vor,
Sie können ein
Geschehen von
mehreren Seiten
betrachten, um zu
einer erweiterten
oder neuen
Sichtweise zu
gelangen.

Die 36 Karten

Die Kartenbeschreibungen wurden in Rubriken unterteilt, damit die für Sie interessanten Themen leichter zu erlernen sind. Doch sind nicht bei allen Karten sämtliche Rubriken vorhanden. Wir haben immer nur dann auf ein Thema hingewiesen, wenn es für die Beschreibung der Karte wichtig war. Doch wird Karten mit weniger Text auf keinen Fall weniger Bedeutung beigemessen.

1 Reiter

Verschönerer: mildert Schlechtes, unterstreicht Gutes

gute Nachricht, positive Entwicklung

Bewegung, unterwegs sein, erfreuliche Ankunft

Gedanken

Einzelaussage: Fortschritt, erfolgreiche Unternehmung, gute Nachricht

Die Karte zeigt einen *Reiter* durch eine herrliche, sommerliche Landschaft vorwärtsgaloppieren. Seine Kleidung ist ganz in Gelb gehalten, die Farbe der Sonne, die optimistisch stimmt. Er bewegt sich zügig auf uns zu, und wir können zu Recht etwas Positives erwarten. Etwas Schönes ist im Anmarsch, die Dinge scheinen in Bewegung zu kommen.

Die Karte symbolisiert einerseits ein Voranschreiten und andererseits auch unsere Gedanken, sie gibt Aufschluss darüber, wie wir über etwas denken. Wie beurteilen wir eine Situation? »Oh je, da sind ja wohl die Pferde wieder mit mir durchgegangen, was habe ich mir bloß dabei gedacht?« Gedanken also, die vor lauter Freude oder Aufregung schon mal mit einem davongaloppieren können ...

Die Karte unterstreicht generell alles Gute. Sie gilt als d e r Verschönerer, auf jeden Fall aber werden weniger erfreuliche Umstände gemildert, weil der Reiter grundsätzlich sehr positiv zu werten ist.

Bei nur einer gezogenen Karte, *Reiter,* sind wir aufgefordert, die Dinge positiv und dynamisch voranzutreiben, etwas zu unternehmen, anzupacken, uns in Bewegung zu setzen, endlich loszulegen und *in die Hufe zu kommen!*

Hintergrundwissen zur Karte: Das Pferd ist ein beliebtes Wappentier und wird mit oder ohne Reiter dargestellt. Eine Strecke, für die man zu Fuß zwei Stunden benötigt, kann auf dem Rücken eines Pferdes in einer Stunde zurückgelegt werden. Dieser Tatsache bediente sich die antike Kavallerie (italienisch: *cavaliere* = Reiter), die die edlen Tiere für die schnelle und wendige Kriegsführung einsetzte. Deren Generäle ritten oft auf weißen Pferden, nachdem sie eine Schlacht für sich entscheiden konnten. Ende des 15. Jahrhunderts tauchten die ersten Postreiter auf, um Nachrichten zu überbringen.

Interessanterweise finden wir als Firmenlogo des Rennstalls Ferrari ein schwarzes, springendes Pferd auf gelbem Grund, und auch der Stuttgarter Automobilhersteller Porsche passte sein Firmenemblem dem Wappen seines Heimatstandortes, das ein Pferd zeigt, an. Ferrari und Porsche versprechen Erfolg und Status – auch der *Reiter* lässt darauf schließen.

Freud sieht im Reiten ein Symbol für den Geschlechtsverkehr. Dem Pferd wird Lebenskraft, Energie, Schnelligkeit, Kraft, Potenz, Triebkraft, Beweglichkeit und Dynamik zugeschrieben.

Mythologie und Legende: Das Neue Testament berichtet über vier Sendboten, die apokalyptischen Reiter, die die Menschheit mit ihren Geißeln heimsuchen, allerdings wird der weiße Reiter, Christus, als Sieger gedeutet, wobei die Farbe Weiß für Sieg, Reinheit und Gerechtigkeit steht.

Betrachtet man die Karte nur sehr flüchtig, scheinen Ross und Reiter zu verschmelzen. Sie erinnern dadurch an den Pferdemenschen der griechischen Mythologie, den Zentaur. Dieses Mischwesen hat den Oberkörper eines Mannes und den Unterleib eines Tieres. Man sagt ihm Wildheit und Lüsternheit nach.

Als geflügeltes Pferd oder Pegasus kennen wir das Tier aus der griechischen Sage. Schriftsteller besteigen den Pegasus, wenn sie ihre Fantasie schweifen lassen ... Wir finden das Pferd auch im Wappen des Templerordens.

Reiterinnen werden im Reitsport manchmal als Amazonen bezeichnet. Die antike Götterlehre versteht hierunter ein matriarchalisch organisiertes Volk. Heutzutage denken wir jedoch an junge Frauen, die streitlustig und selbstbestimmt leben. Auch Rallyefahrerinnen, die erfolgreich eine deutlich männlich dominierte Sportart beherrschen, werden gern als solche tituliert. So wie der Mensch beim Reiten die Kontrolle über das Tier durch Stimme, Schenkeldruck und Zaumzeug ausübt, haben diese Fahrerinnen ihren Wagen im Griff: Sie bändigen die Bestie!

In den Kombinationen mit den Karten bei der Großen Auslegung ist an den umliegenden Karten zu erkennen, ob *die Pferde im Zaum zu halten* und die Dinge nicht ganz so stürmisch anzugehen sind. Immer schön langsam mit den jungen Pferden!

In Haus 1, *Reiter,* liegt die Karte, die wir zu unserer Aussage hinzuziehen können.

Charakter: fortschrittlich; aktiv; sportlich.

Tageskarte: Ein guter Tag, heute geht etwas voran; positive Karte, die das Negative mildert.

2 Klee

Freude

Glück

bald

Einzelaussage: positiv
in Kürze

Zeitfaktor: 2 – 3 Tage

Die Karte zeigt mehrere Kleeblätter und Blüten.

Die Karte symbolisiert Freude und Glück – der Klee gilt als Glückssymbol schlechthin! »Oh, wie schön«, doch ob es sich dabei um das große oder kleine Glück handelt, wissen wir leider nicht. Aber immerhin – die Prise Glück liegt im Ermessen des Betrachters. Manchmal ist es schon sehr schwierig, dieses Quäntchen Glück überhaupt zu erkennen, dieses zarte Pflänzchen Klee, das von einigen als Unkraut bezeichnet wird … »Nein! – es gibt gar kein Unkraut, es ist nur eine Blume am falschen Platz!«, bemerkte eine alte Freundin einmal sehr treffend.

Die Karte *Klee* kann auch als Mutmacher verstanden werden. Haben Sie es nicht immer irgendwie geschafft? Und überhaupt, gestern war noch gar kein Grün zu sehen und heute sprießt da schon dieser kleine Glücksbringer – so schnell kann es kommen.

Bei nur einer gezogenen Karte, *Klee,* tritt etwas bald oder schnell ein oder beschreibt den positiven Ausgang eines Ereignisses.

Hintergrundwissen zur Karte: Klee gilt wegen seines starken Wuchses und seiner satten grünen Farbe als Sinnbild der Lebenskraft. Die Redewendung, »Jemanden über den grünen Klee loben«, kennen wahrscheinlich die meisten. Sie bedeutet, einen Menschen über Gebühr zu loben. Wann und warum diese Redewendung entstand, ist nicht mehr eindeutig nachzuvollziehen. Möglicherweise ist sie darauf zurückzuführen, dass Klee auf Friedhöfen und Gräbern gepflanzt wurde, und der eine oder andere Verstorbene in der Grabrede *über den grünen Klee gelobt* wurde.

Mythologie und Legende: Egal ob nun als Drei- oder Vierblatt – Klee ist immer als ein positives Zeichen zu werten. In seiner dreiblättrigen Form spielt das Kleeblatt (Shamrock = Irisch seamróg, kleiner Klee) eine wichtige Rolle für die Bevölkerung Irlands, denn es gilt als das inoffizielle Nationalsymbol des Landes. So ist beispielsweise einer der höchsten irischen Feiertage der St. Patrick's Day. Jährlich, am 17. März, wird zu Ehren des heiligen Patrick der Tag mit einer morgendlichen Messe begonnen. Am Nachmittag folgt eine große Parade, die einem Volksfest gleicht. Sogar Flüsse und das Guinness Bier werden grün eingefärbt! St. Patrick soll dem König anhand eines Kleeblatts die Dreifaltigkeit erklärt haben, worauf der König von der Notwendigkeit überzeugt war, das Christentum in Irland zu verbreiten.

Die Legende besagt auch, dass Eva bei der Vertreibung aus dem Paradies ein vierblättriges Kleeblatt als Andenken mitnahm. Deshalb gilt noch immer: Wer ein solches Blatt besitzt, hält ein Stück vom Garten Eden in der Hand. Haben wir nicht das Glück, diesen Talisman zu finden, können wir ihn auf Papier zeichnen und bei uns tragen, denn allein das Symbol steht ja schon für Glück. Heute haben wir es leichter, ein Stück vom Himmelsglück mit in das neue Jahr zu nehmen, denn regelmäßig zur Jahreswende verschenken wir das Pflänzchen als Glücksbringer zu Neujahr. Allerdings müssen wir das Blumengeschäft um die Ecke immer noch selbst finden.

Als Zeitfaktor bedeutet der Klee *bald* oder *schnell*, weil er eben in so kurzer Zeit wächst. Traditionell werden ihm zwei bis drei Tage zugeschrieben – wir finden die Angaben *binnen Kurzem*, oder *bald* passender. Denn was nützt dem Fragesteller eine zwei- bis dreitägige Zwangspause, in der er zappelig auf dem Sofa herumrutscht, und ansonsten nichts passiert?

In den Kombinationen bei der Großen Auslegung ist an den umliegenden Karten zu erkennen, was sich positiv entwickelt oder welches Thema man dieser Zeitkarte *Klee* zuordnen kann.

In Haus 2, *Klee,* liegt die Karte, die wir zu unserer Aussage hinzuziehen können.

Charakter: positiv denkender Mensch; Glückskind.

Tageskarte: Momente, die Positives verheißen; eine Prise Glück ist vorhanden.

3 Schiff

Reise
(Strecke, die nicht zu Fuß zurückgelegt werden kann)
Hoffnung
Sehnsucht

Einzelaussage: auf sich zukommen lassen, es kommt auf Sie zu

Die Karte zeigt ein Schiff, das sich langsam auf ruhiger See bewegt. Das Wasser spricht unsere Gefühlswelt an, denn auch als Element symbolisiert es unsere Emotionen. Die Segel sind gesetzt und fangen den Wind, unsere Gedanken und Hoffnungen ein. Es herrscht Stille. Ruder sind nicht zu erblicken. Das Schiff überlässt sich vertrauensvoll seinem Schicksal, es lässt sich treiben. Wohin die Reise geht, wissen wir nicht.

Die Karte Schiff symbolisiert eine Brücke zwischen Orten, die einst durch scheinbar unüberwindbare natürliche Grenzen voneinander getrennt schienen. Sie beschreibt dieses Vertrauen, uns dem Fluss des Lebens zu überlassen, auch wenn wir manchmal nicht genau wissen, wohin uns die Wellen tragen werden. Wenn wir uns vertrauensvoll auf die Reise begeben und unser Ruder fest in der Hand halten, können uns die Stürme des Lebens nichts anhaben, selbst wenn wir einmal Fehler machen.

Wir brauchen Ballast, um unser Lebensschiff auf Kurs zu halten, um Klippen zu umschiffen und Neuland zu entdecken. Wir müssen die Ungewissheit riskieren, nicht zu wissen, wo wir landen werden, um innerlich und äußerlich auf Reisen gehen zu können und dadurch zu wachsen, selbst wenn wir erkennen, dass wir eine andere Route wählen müssen, um ans Ziel zu gelangen. Würden wir Ballast abwerfen, kenterten wir eventuell sogar. Wir können also gar nichts falsch machen, denn unsere vermeintlichen Fehler ermöglichen uns vielleicht Entdeckungen, wie wir sie uns in unseren kühnsten Fantasien nicht auszumalen wagen.

Die Karte zeigt eine Situation an, in der wir unseren Hoffnungen und Wünschen nachhängen.

Bei nur einer gezogenen Karte, *Schiff,* ist sie ein Zeichen dafür, die Dinge einfach einmal geschehen zu lassen, ohne aktiv einzugreifen.

Etwas auf sich zukommen lassen zu können, ist nicht immer leicht, aber manchmal sieht der Mensch nur dann, was wirklich von allein und aus freien Stücken zu ihm kommt und kommen will. Es kann erleichtern, die Kontrolle einmal aufzugeben und zu vertrauen, auch wenn das Erwartete ausbleibt. So kann zumindest Klarheit in einer Situation entstehen.

Hintergrundwissen zur Karte: Zunächst ermöglicht ein Schiff den Binnenverkehr auf Flüssen und unterstützt den Transport schwerer Fracht. Mit dem Wachstum der Städte und der Entwicklung im Schiffsbau weitete sich der Fernhandel auf die Seewege aus. Übersee-Expeditionen, Erkundung und Entdeckung sowie Besiedlung ferner Kontinente nahmen zu. Geographische, ethnologische und naturkundliche Erkenntnisse über Bedingungen anderer Erdteile konnten gewonnen werden.

Truppen wurden per Schiff transportiert, um Kolonisation und Christianisierung voranzutreiben.

Mythologie und Legende: Am 12. Oktober 1492 entdeckte Christoph Columbus Amerika. Um der gigantischen Naturgewalt Wasser trotzen zu können, brauchte er – neben umfangreichem Wissen und einem schmalen, schnellen Schiff – unerschütterliches Vertrauen in das Erreichen seines Ziels, einen Seeweg nach Indien zu finden, ohne dabei Afrika zu umfahren, sondern Richtung Westen zu steuern. Der portugiesische König Johann lehnte es ab, Columbus finanziell zu unterstützen, weil er dessen Pläne für abwegig hielt – doch dieser blieb bei seinem Vorhaben. Stattdessen bekam er vom spanischen König Ferdinand II. und Königin Isabella die Hilfe, die er benötigte, um seine Expedition zu starten. Durch sein Vertrauen fand er den bislang in Europa unbekannten Kontinent Amerika, den er allerdings zunächst für Indien hielt, bis sich der Irrtum aufklärte.

In den Kombinationen bei der Großen Auslegung weist das *Schiff* z. B. auf eine Fernreise hin *(Schiff + Turm* im Sinne von Grenzüberwindung) oder auf eine Reise nach innen *(Schiff + Sterne).*

In Haus 3, *Schiff,* liegt die Karte, die wir zu unserer Aussage hinzuziehen können.

Charakter: tendiert dazu, die Dinge auf sich zukommen zu lassen; überwindet große Distanzen.

Tageskarte: Heute sollten Sie die Dinge einfach einmal auf sich zukommen lassen.

4 Haus

das Zuhause

der Körper

Immobilie

Festigkeit, Stabilität

Basis

Einzelaussage: nicht auf Sand bauen
planen auf lange Sicht

Die Karte zeigt ein Haus, errichtet in solider Bauweise auf festem Grund. Hier fühlt man sich sicher. Je nach Deck gehört zu dem Gebäude außerdem ein Garten oder eine Umzäunung, die unser Revier noch zusätzlich schützt und absichert.

Die Karte symbolisiert Schutz und Stabilität. Das Haus ist ein Gebäude, das dem Menschen zum Wohnen, als Unterbringung oder zur Beschäftigung dient. Seine ursprüngliche Wortbedeutung war das *Bedeckende* und wurzelt in der sehr alten, indogermanischen Grundbedeutung *Schutz*. Das Haus steht auch symbolisch für unsere Mitte. Damit kann die innere Mitte gemeint sein, *der Sitz unserer Seele*. Oder auch unser Lebensmittelpunkt. Die Heimat, der Ort, an den man heimkommt und seinen Hut aufhängt. Ein Haus zu besitzen bedeutet seit jeher finanziellen Wohlstand zu genießen. Selbst die kleinste Hütte verheißt seinen Bewohnern ein schützendes Dach über dem Kopf. Dass so etwas nicht innerhalb eines Tages errichtet werden kann, versteht sich von selbst: Gute Vorbereitung und ein vernünftiges Konzept sind vonnöten, vieles ist zu bedenken, und keinesfalls sollte es auf Sand gebaut sein! Exakte Planung und eine gute Basis sind Voraussetzung, um ein Haus bauen zu können.

Selbstverständlich repräsentiert das *Haus* auch eine Wohnung, denn nicht jeder kann es sich leisten, in einem eigenen Haus zu wohnen.

Als Sitz unserer Seele steht das *Haus* auch für unseren physischen Körper und gibt demzufolge auch Auskunft über unsere körperliche Verfassung.

Bei nur einer gezogenen Karte, *Haus,* symbolisiert sie demzufolge: »Verschaffen Sie sich eine gute Basis und bauen Sie nicht auf Sand, sondern planen Sie langfristig.« Je nach Fragestellung kann dies auch bedeuten, dass Sie bereits über ein gutes Fundament verfügen, auf dass Sie zukünftig aufbauen können.

In den Kombinationen bei der Großen Auslegung kann eine My-home-is-my-castle-Mentalität darauf hinweisen, wie sehr dieser Ort geliebt und geschätzt wird und uns als Kraftort dient. Ein Platz, an dem wir auftanken können, der uns Geborgenheit vermittelt. Andererseits, und von entsprechenden Karten umgeben, kann das *Haus* auffordern, die gewohnte, sichere Umgebung einmal zu verlassen und neue Erfahrungen zu sammeln, um eine gewisse Erstarrtheit und Eingefahrenheit aufzuweichen.

In Haus 4, *Haus,* liegt die Karte, die wir zu unserer Aussage hinzuziehen können.

Charakter: sicherheitsdenkender Mensch; jemand, auf den man sich verlassen kann und der gleichzeitig auch Sicherheit braucht; ein Mensch, der im negativen Sinne unbeweglich sein kann.

Tageskarte: Heute überlassen Sie nichts dem Zufall; langfristige Planung und ein gutes Fundament sind vonnöten; ein Grundstein könnte gelegt werden.

5 Baum

Gesundheit, das Leben
Langeweile, Monotonie
Holz, Wald

Einzelaussage: Zeitaufwand in Kauf nehmen

Zeitfaktor: längerer Zeitraum bis zu einem Jahr
innerhalb eines Jahres

Die Karte zeigt einen großen, gleichmäßigen und schön gewachsenen Baum. Seine Größe lässt darauf schließen, dass er schon recht alt sein muss. Um ein solches Prachtexemplar werden zu können, bedarf es besonderer Boden- und Klimaverhältnisse und nicht zuletzt – Zeit. Deshalb steht der *Baum* auch für die Aufforderung, Zeitaufwand in Kauf zu nehmen. Dies bedeutet: Sich Zeit zu nehmen, etwas in Ruhe wachsen zu lassen, die Umstände erfordern es. »Gut Ding hat eben Weil'«, wie es so schön heißt.

Die Karte symbolisiert eine langsame, aber gesunde Wachstumsphase. Auch wenn wir aufgeregt mit den Füßen scharren, und es manchmal ziemlich schwer ist, etwas in Ruhe und von allein wachsen lassen zu können, werden wir geduldig sein müssen, damit es gelingen kann. Dies erfordert natürlich auch eine gewisse Reife von uns, aber die haben wir doch, oder etwa nicht? Auch Familienstammbäume können nur im Laufe der Generationen zu ihrer vollen Größe und prächtigen Verästelung heranwachsen – wenn man sie lässt …

Bei nur einer gezogenen Karte, *Baum,* symbolisiert sie: »Nehmen Sie Zeitaufwand in Kauf.« Dies bedeutet: »Geben Sie sich oder einer Sache die nötige Zeit, dann kann etwas wachsen. Anders geht es nicht.«

Hintergrundwissen zur Karte: In der Botanik werden manche Nadelbäume als Lebensbäume (Thuja) bezeichnet, und auch in anderen Bereichen kommt der Baum des Lebens vor. In einigen Kulturen wird, auch heute noch, ein Baum zur Geburt eines Kindes gepflanzt, weshalb die Karte ein Symbol für Wachstum und Gesundheit darstellt und folglich ebenfalls unser Leben repräsentiert.

Mythologie und Legende: Der Baum ist ein wichtiges mythologisches und biblisches Motiv. Er bezeichnet in der jüdischen Kabbala ein Diagramm mit mystischer Bedeutung, und in der Kunst Vorderasiens stellt er eine Verbindung zu den Göttern dar.

Der Baum bietet Schutz, wenn man sich vor Regen oder Unwetter in Sicherheit bringen will. Er gilt als archetypisches Lebens- und Menschsein-Symbol, denn wie der Baum sind auch wir Menschen mit der Erde verwurzelt (Natur und Notwendigkeit), unser Haupt aber ragt – wie seine Krone – in den Himmel (Geist und Freiheit). Persönliche Entwicklung, Wachstum und Gesundheit sind ohne Nahrung undenkbar!

In den Kombinationen bei der Großen Auslage wird ersichtlich, welche Dinge länger brauchen, um zu reifen. Auch lassen die Karten, die um den Baum herum liegen, auf den Gesundheitszustand schließen.

Gerade in diesem Bereich gibt es Spekulationen über Krankheiten. In manchen Büchern wird sogar geschrieben, dass das, was um den *Baum* liegt, »krank« sei. Wer einmal logisch darüber nachdenkt, wird feststellen, dass das nur Unsinn sein kann! Im besten Fall liegen acht Karten bei der Großen Auslegung um den *Baum* herum. Das soll dann alles krank sein? Mit Sicherheit nicht! Unsere Einstellung dazu haben wir ja schon in Kapitel 1 beschrieben.

Als Zeitfaktor rechnen wir beim *Baum* immer mit einem längeren Zeitraum, bis zu einem Jahr. Das kann bedeuten, dass ein Ereignis auch bereits innerhalb dieses Zeitraumes eintritt.

In Haus 5, *Baum,* liegt die Karte, die wir zur Aussage hinzuziehen können.

Charakter: naturverbunden; ruhiger Mensch; ***negativ:*** lethargisch.

Tageskarte: Heute sollten Sie damit rechnen, dass alles etwas länger dauert.

6 Wolken

dunkle Seite: Karten auf dieser Seite sind bedrohlich zu deuten.

helle Seite: Karten auf dieser Seite zeigen eine Undurchschaubarkeit oder Besserung der Situation an.

Einzelaussage: auf die innere Stimme hören
höheres Selbst

Die Karte zeigt einen bewölkten Himmel. Vor die hellen Wolken, die das Bild einnehmen, haben sich auf der rechten Seite dicke dunkle Wolken geschoben. Die Karte an sich gibt keine Auskunft darüber, welcher Lebensbereich sich erhellt oder welcher sich verdunkeln wird.

Die Karte symbolisiert eine Ermahnung, unsere seelischen Bedürfnisse zu beachten und Rücksicht darauf zu nehmen, sowie unserem Bauchgefühl zu vertrauen und zu folgen. Sie ist als Hinweis darauf zu verstehen, dass die Antwort auf unsere Frage bereits in uns liegt, wir kennen sie längst.

Bei nur einer gezogenen Karte, *Wolke,* sind wir aufgefordert, auf unser höheres Selbst zu vertrauen sowie die Dinge einmal aus der Vogelperspektive zu betrachten.

Hintergrundwissen zur Karte: Vor Beginn des 19. Jahrhunderts wurden Wolken noch nicht zur Wetterprognose herangezogen. Wohl gab es einige wenige Versuche, doch nutzte man eher den Grad ihrer Dunkelheit zur kurzfristigen Vorhersage. Viele überlieferte Bauernregeln sind allerdings aus dem Wolkenspiel hervorgegangen. Wir wissen, dass Wolken sich aus Wasser- oder Eiströpfchen zusammensetzen und sich in Verbindung mit dem Luftsauerstoff zu diesen schönen Himmelsgebilden formen. Wasser und Luft also, wobei das Wasser Gefühle und Emotionen repräsentiert, die Luft das Feinstoffliche und nicht Greifbare, das Feingespür. Deshalb versinnbildlichen die *Wolken* auch unsere feinstoffliche Gefühlswelt, unsere innere Stimme. Berühmte Maler wie Rembrandt oder Caspar David Friedrich stellten auf ihren Gemälden Landschaftsstimmungen durch das Zusammenwirken von hell und dunkel am Himmel dar.

Mit dem Kopf in den Wolken zu hängen kann unsere Seele beflügeln, lässt uns aber die Realität nicht immer sehen. Die Wolken wirken auf uns wie natürliche Stimmungsmacher, seelisch und im realen Leben. Hier gilt gleichermaßen, »zieht eine dunkle Wolke auf, ich wohl meinen Regenhut brauch'.«

In den Kombinationen bei einer Großen Auslegung – vor allem im Umfeld einer Personenkarte – beinhalten die *Wolken* den Ratschlag, nicht zu empfindlich zu sein.

Die Karte wird in der Großen Legung ihrer Lage nach gedeutet, das bedeutet in Kombination mit der hellen oder dunklen Seite des Bildes.

- Die helle Seite zeigt dabei eine Verbesserung der Situation an (z. B. *Sarg – Wolken)* oder einen Umstand, den wir noch nicht ganz verstehen oder durchblicken (z. B. *Brief – Wolken).*
- Die dunkle Seite des Bildes verdeutlicht, welche Situation sich als anstrengend oder gar bedrohlich erweisen könnte (z. B. *Wolken – Sarg).*

In Haus 6, *Wolken,* liegt die Karte, die wir zu unserer Aussage hinzuziehen können.

Charakter: empfindlicher Mensch; fühlt sich leicht angegriffen.

Tageskarte: Tun Sie sich heute etwas Gutes und nehmen Sie auf Ihre seelischen Bedürfnisse Rücksicht.

7 Schlange

Verwicklungen, Komplikationen
Landstraße, Wanderweg

Einzelaussage: Intelligenz ist gefordert, benutzen Sie Ihren Kopf in der Realität bleiben, nicht träumen

Person: intelligente, scharfsinnige Frau kann, wenn vorher festgelegt, für jede andere Frau stehen, beispielsweise eine Freundin – vergleiche Karte *29 Dame:* z. B. die ungeliebte Ehefrau, Geliebte, zukünftige Partnerin des Fragestellers

Die Karte zeigt einen Hügel, auf dessen Mitte sich eine Schlange in die Höhe ringelt.

Die Karte symbolisiert Weisheit, Intelligenz, das Licht des Wissens und dergleichen mehr.

Über die symbolische Bedeutung der Karte *Schlange* gibt es viele unterschiedliche Auffassungen. Für uns verkörpert sie oben genannte Qualitäten. Sie spricht folglich unsere Rationalität an und verlangt von uns, die Fakten zu betrachten und danach zu urteilen. Sie kann uns auffordern, mit prekären Situationen klug umzugehen, uns sogar hindurchzuschlängeln.

Das Kriechtier windet sich, um Halt zu erlangen und ist nur durch diese akrobatische Leistung in der Lage, von einem Ort zum anderen zu gelangen. Die schlängelnde Fortbewegungsweise zwingt es, Umwege in Kauf zu nehmen – es kann sein Ziel nicht auf direktem Weg erreichen. Deshalb symbolisiert die Karte auch Verwicklungen oder Komplikationen und repräsentiert darüber hinaus Landstraßen oder Serpentinen, die sich durch die Landschaft schlängeln.

Bei nur einer gezogenen Karte, *Schlange,* weist sie uns an, realistisch zu sein, Pläne zu schmieden oder einfach nur den Kopf einzuschalten.

Hintergrundwissen zur Karte: Die Schlange häutet sich von Zeit zu Zeit, und eine neue Haut kommt zum Vorschein. Sie erneuert und verjüngt sich, sie wird »wiedergeboren«. Manchmal sind auch wir gezwungen, unsere alte Haut abzustreifen, um zu neuen Erkenntnissen zu gelangen. Hierbei unterstützt eine rationale Vorgehensweise enorm.

Manche Menschen fürchten die Schlange, weil sie unvermittelt und schnell aus dem Nichts auftauchen kann, und bringen sie mit dem Begriff der Falschheit in Verbindung. Der Ausdruck falsche Schlange erscheint uns längst überholt und viel zu reduziert. Er rührt vermutlich auch von der Tatsache her, dass das arme Wesen über eine sogenannte gespaltene Zunge verfügt. Diese ist allerdings lediglich ein Sinnesorgan, das die Schlange sehr schlau zu benutzen weiß, ohne dabei falsch sein zu müssen. Dazu ist sie viel zu intelligent!
Nach C. G. Jung ist sie als Zeichen des dunklen Weiblichen, des Geheimnisvollen und der Sexualität zu interpretieren und weist auf etwas Wichtiges im Unbewussten hin, das gefährlich oder Heil bringend sein kann. Außerdem wird ihr Schönheit zugesprochen. Auch aus diesem Grund kann – vor einer Legung festgelegt – die Karte unter Umständen eine ernst zu nehmende Rivalin darstellen. Es wäre allerdings sehr schade, diese so aussagekräftige Karte auf eine einzige Bedeutung zu begrenzen.

In den Kombinationen bei einer Großen Auslegung wird an den umliegenden Karten ersichtlich, ob es sich um eine Frau handelt, ob man sich vielleicht völlig verstrickt hat, oder ob es vielleicht um Pläne geht, die es zu verwirklichen gilt.

Wenn Sie vor der Auslegung des Großen Decks die *Schlange* als Ihre beste Freundin definieren, heißt das natürlich nicht automatisch, dass sie Sie betrügt. Die Karte kennzeichnet dann lediglich die *Schlange* als eine weibliche Person, die Freundin. Ihre Eigenschaften erklären sich aus den umliegenden Karten.

In Haus 7, *Schlange,* liegt die Karte, die wir zu unserer Aussage hinzuziehen können.

Charakter: intelligent; strategisch; kopflastig.

Tageskarte: Heute sachlich bleiben und den Kopf einschalten; Intelligenz ist gefordert; Pläne machen.

8 Sarg

Medialität

etwas geht zu Ende

etwas ist nicht in Ordnung

Einzelaussage: etwas geht zu Ende
schlechte Voraussetzung

Die Karte zeigt einen Sarg, der auf einer mit schwarzem Samt bedeckten Empore aufgebahrt ist. Im Hintergrund brennt die ewige Flamme, die an Personen oder Ereignisse erinnert, welche von besonderer Bedeutung sind. Schon bei diesem Anblick macht sich bei den meisten Menschen eine gewisse Traurigkeit breit.

Die Karte symbolisiert den Tod, Verlust, Trauer und den Schmerz darüber, dass etwas zu Ende geht – sie steht aber auch für den Zugang zu einer anderen Welt. Die Karte *Sarg* weist häufig auf das natürliche Ende einer Situation hin. Ein natürliches Ende deshalb, weil dieser Umstand erfahrungsgemäß nicht selbst gewählt wurde, und wenn, dann nur, um einer unerträglichen Konstellation endlich ein Ende machen zu können.

Geht etwas zu Ende, handelt es sich immer um einen Transformationsprozess. Dies kann positiv oder negativ empfunden werden, und nicht immer folgt danach sofort etwas positives Neues. Um gestärkt aus einer schmerzlichen Situation hervorzugehen, ist es unumgänglich, diese erst einmal zu verarbeiten, Trauerarbeit zu leisten. Dass dies nicht immer leicht fällt, kann sich jeder unschwer vorstellen.

Bei nur einer gezogenen Karte, *Sarg,* symbolisiert sie auch Angelegenheiten, die nicht in Ordnung sind, krank machen oder krank sind. Verfahren wir in gewohnter Manier weiter, so folgt mit Sicherheit das Ende. Der *Sarg* ist demnach als Alarmzeichen zu deuten: »So kann es nicht weitergehen!« oder »Beenden Sie etwas!«

Hintergrundwissen zur Karte: In den Sarg wird die sterbliche Hülle des Menschen zur letzten Ruhe gebettet. Üblicherweise findet danach eine Erd- oder Feuerbestattung statt. Manch Verstorbener wird aufgebahrt, sodass trauernde Angehörige, Freunde und Bekannte noch einen letzten Blick auf den geliebten Menschen werfen können, bevor der Deckel geschlossen wird. Eine Grabrede beschreibt Leben und Charakter des Toten, und zum Abschied treffen sich dann alle Hinterbliebenen zum Leichenschmaus. Ein Ritual, das den Trauernden helfen kann, sich zu lösen, und der Seele dadurch den Übergang in eine andere Welt erleichtert.

In den Kombinationen mit den umliegenden Karten zeigt der *Sarg,* ob der Fragesteller Zugang zu einer anderen Welt hat, denn er ist auch ein Hinweis auf Medialität. Ein guter Rat an den Fragenden wäre hier, die Seele vor negativen Energien zu schützen.

In Haus 8, *Sarg,* liegt die Karte, die wir zu unserer Aussage hinzuziehen können.

Charakter: mediale Persönlichkeit; ***negativ:*** entzieht anderen unbewusst Kraft.

Tageskarte: Ein guter Tag, um etwas zu beenden; etwas läuft nicht so, wie man es erhofft.

9 Blumen

nette, kleine Gesellschaft

Höflichkeit

Kreativität

Flirt

Einzelaussage: sich auf keinen Fall provozieren lassen, höflich bleiben

Person: sehr nette Dame, Damengesellschaft

Zeitfaktor: Frühling

Die Karte zeigt einen Blumenstrauß und fordert uns auf, Blumen sprechen zu lassen – nicht direkt, sondern indirekt zu kommunizieren: »Lassen Sie Ihren Charme spielen, seien Sie diplomatisch, machen Sie Kompromisse.«

Die Karte symbolisiert angenehme Erlebnisse und Freude. Die Blumen stehen für die ersten Frühlingsboten! Ihre unglaubliche Farben- und Formenvielfalt verschönert selbst die tristeste Umgebung, und das neu erwachte Leben in seiner schönsten Pracht entlockt sogar manch grummeligem Winterschläfer ein zaghaftes Lächeln.

Als Geschenk bedeuten Blumen oft mehr als nur eine freundliche Aufmerksamkeit – sie können eine Geste der Wertschätzung ausdrücken. Wer die Sprache der Blumen beherrscht, ist in der Lage, Botschaften zu übermitteln, ohne dabei das Instrument der direkten Kommunikation spielen zu müssen. So können ein- oder aber auch zweideutige Informationen dem Adressaten auf geschicktem Wege übermittelt, d. h. *durch die Blume gesagt werden* … Die Farben oder Sorten der überreichten Blüten sind dabei von besonderer Bedeutung: Rote Rosen drücken den Wunsch nach (sexueller) Liebe aus, weiße Blumen symbolisieren Reinheit oder Unschuld, blaue weisen auf unsere Emotionen hin, wie etwa das Vergissmeinnicht – der Name spricht für sich selbst. So kann das Geschenk, das wir machen, wenn wir Blumen überreichen, als simple Geste verstanden werden oder aber auch von größerer Bedeutung sein. Wir haben auf jeden Fall Mittel gefunden, unsere Gefühle auszudrücken, deren Sinn derjenige versteht, der der Blumensprache mächtig ist.

Blumen verblühen rasch und symbolisieren die Vergänglichkeit. Auch Schönheit verblüht, und ein Flirt dauert oft nicht länger als ein paar Augenblicke, ist eher spielerisch und unverbindlich, allerdings erotisch motiviert und kann auch manchmal in einer Beziehung enden.

Bei nur einer gezogenen Karte, *Blumen,* sind wir aufgefordert diplomatisch zu agieren und uns in schwierigen Situationen nicht provozieren zu lassen. Wir können es natürlich nicht immer allen recht machen, aber heikle Lagen lassen sich mit Diplomatie und Charme durchaus entschärfen. Zeigen wir unserem Gegenüber deshalb unsere Wertschätzung … oder auch nicht.

Das lateinische Wort *deflorare* heißt übersetzt *pflücken* und *entjungfern.* Die Blume wird gebrochen. Ebenso deutet Freud die Blumen als weibliches Genital, Frau oder Zärtlichkeit. Im *Heideröslein* (Musik: Franz Schubert, Text: Johann Wolfgang Goethe) heißt es: »Sah ein Knab' ein Röslein stehn …«

In den Kombinationen bei der Großen Auslegung ist zu sehen, ob es sich um ein Geschenk, um einen kleinen Flirt oder um »Blümchensex« handelt.

Als Personenkarte versinnbildlichen die *Blumen* eine nette, freundliche Dame oder Damengesellschaft, denn meist überreichen wir nicht nur eine einzelne Blüte, sondern einen ganzen Strauß, ein Zeichen, dass wir uns mit Gleichgesinnten verbunden fühlen.

Als Zeitfaktor weisen sie selbstverständlich auf den Frühling hin. Natürlich gibt es auch Blumen, die erst im Sommer oder Herbst blühen, aber die ersten sprießen im Frühjahr und sind etwas Besonderes nach der langen Winterzeit.

In Haus 9, *Blumen,* liegt die Karte, die wir zu unserer Aussage hinzuziehen können.

Charakter: kreativ; freundlich; charmant.

Tageskarte: Heute diplomatisch bleiben, sich nicht provozieren lassen.

10 Sense

darüber: Belastung
davor: Warnung vor Gefahr
dahinter: plötzlich

Einzelaussage: Vorsicht ist geboten
sehr belastende Umstände

Zeitfaktor: Herbst

Die Karte zeigt uns eine Sense, die an einem Heuhaufen lehnt – das Feld scheint gerade frisch geschnitten zu sein. Eine Aufgabe, die nicht ganz ungefährlich zu bewerkstelligen ist, denn wenn nicht außerordentlich umsichtig mit diesem großen, schweren und scharfen Schnittwerkzeug gearbeitet wird, kann es zu bösen Verletzungen kommen.

Die Karte symbolisiert Vorsicht und zeigt ein Werkzeug, das im Mittelalter und während der Bauernkriege von aufständischen Bauern als Waffe genutzt wurde. Früher diente sie auch den Bauern, die ihre Ernte einbringen mussten, zur Sicherung des Lebensunterhalts. Sie wird auch teilweise heute noch von Erntearbeitern benutzt. Und schlussendlich funktioniert sie als Symbol, den letzten Schnitt zu tun – etwas zu beenden. Sie befähigt Gevatter Tod, den *Sensenmann* oder *grimmen Schnitter,* zur Ausübung seines Berufes.

Bei nur einer gezogenen Karte, *Sense,* mahnt sie uns zur Vorsicht, denn mit einem schweren, spitzen Gegenstand umzugehen, ist gefährlich.

In den Kombinationen wird die Karte in der Großen Auslegung ihrer Lage nach gedeutet. Das bedeutet, die drei Seiten der *Sense* werden hierbei unterschiedlich behandelt:

- Die nach unten gebogene Klinge ***(darüber)*** kündigt Belastung an, etwas schwebt über uns, das uns belastet.
- Die Spitze der Sense ***(davor)*** zeigt uns, welcher Bereich gefährdet ist. Sie warnt uns vor Gefahr – diese Spitze kann große Schmerzen bereiten, die meist den Gefühlsbereich betreffen. An dieser Stelle sei von Aussagen abzuraten, die einen Unfall oder Ähnliches ankündigen: sich selbst erfüllende Prophezeiungen nennt man das. Bitte lieber helfen als erschrecken!
- Und ihre stumpfe Seite ***(danach)*** stößt gegen etwas, steht also für ein Ereignis, das uns plötzlich und unerwartet treffen könnte. Dies kann sowohl positiver als auch weniger erfreulicher Natur sein.

Als Zeitfaktor ist hier der Herbst angesprochen, weil die Sense meist in dieser Jahreszeit zur Ernte eingesetzt wird.

In Haus 10, *Sense,* liegt die Karte, die wir zu unserer Aussage hinzuziehen können.

Charakter: je nach Lage
- ***darüber:*** vorsichtiger Mensch, der selbst schnell belastet ist
- ***danach:*** kann streitlustig sein
- ***davor:*** jemanden besser kennenlernen, denn dieser Mensch kann sehr aggressiv werden
- ***darunter:*** belastbar

Liegt die Sense (in einer anderen Position als oben beschrieben) um eine Personenkarte herum, gilt die jeweils gültige Aussage in einer abgeschwächten, gemilderten Form.

Tageskarte: Heute sollten Sie Vorsicht walten lassen; ernten Sie heute, was Sie gesät haben.

11 Ruten

Streit, etwas ist strittig
Züchtigung
Rechtsgeschäfte

Einzelaussage: fachmännische Beratung hinzuziehen

Zahl: zwei

Die Karte zeigt ein Rutenbündel, das an ein Züchtigungsinstrument – Gott sei Dank vergangener Zeiten – erinnert. Als die Kartenbilder entstanden, wurden Zucht und Ordnung ja auch ganz gern durch peinigende Schläge hergestellt. Nonverbale Kommunikation, die Spuren hinterlässt. Das Recht ist auf der Seite des Stärkeren, und wer nicht hören will, muss eben fühlen.

Die Karte symbolisiert Recht und strittige Belange. Die *Rute,* die meist aus Birkenzweigen besteht, ist seit der Römerzeit als Machtsymbol bekannt. Die Rutenträger trugen die *Fasces* (lateinisch: *Rutenbündel mit Beil)* den Königen voran, um ihnen den Weg durch die Menge freizuhalten. Außerdem versinnbildlichen sie die richterliche Gewalt. Sie dienten der Bestrafung, Unterwerfung und Verfügungsgewalt und symbolisieren Aggression.

Gehorsam zu zeigen, bedeutet sich dem Willen einer Autorität unterzuordnen. Als Strafe für bestimmte Verbrechen oder Vergehen fanden Ruten Einsatz im Zivilrecht, beim Militär, in Klöstern, in Schulen und in der Familie.

Bei nur einer gezogenen Karte, *Ruten,* bedeutet sie hohen Rat, den Rat eines Spezialisten einzuholen und zu befolgen. Möglicherweise sind wir selbst exzellente Ratgeber, haben aber auch unsere Lücken. Deshalb gilt es manchmal in Sachen Gesundheit, Finanzen, Liebe und dergleichen besser an einen professionellen Ratgeber zu verweisen. Diese Karte wird daher als hohe Ratskarte verstanden.

Mythologie und Legende: Seit dem 20. Jahrhundert kennen wir die Rute fast nur noch in der Hand des Weihnachtsmannes oder Nikolauses, der die unartigen Kinder bestraft, indem er ihnen eine Rute in den Stiefel steckt. Die Braven hingegen werden mit Süßem belohnt. Finnen schlagen sich selbst oder andere mit dem Birkenbündel, um die Blutzirkulation anzuregen, wenn sie die Sauna besuchen. Sicher nicht jedermanns Geschmack, aber ziemlich diszipliniert (lateinisch: *disciplina* = Lehre, Zucht, Schule).

In den Kombinationen mit anderen Karten bei der Großen Auslegung werden – neben Rechthaberei – strittige Angelegenheiten, wie zum Beispiel Rechtsstreitigkeiten, angesprochen oder das Einholen fachkompetenter Beratung (Eheberatung, Therapie, Anwalt, Notar, Ombudsrat) empfohlen. Wir sollten einen Experten hinzuziehen, der in strittigen oder unklaren Angelegenheiten Rat erteilt.

Als Zahlkarte: Unserer Auffassung nach entspricht den *Ruten* die Zahl zwei, weil zu Streit, Kommunikation und dergleichen immer zwei gehören, und wir Rat auch von einer anderen Person als uns selbst einholen sollten.

In Haus 11, *Ruten,* liegt die Karte, die wir zu unserer Aussage hinzuziehen können.

Charakter: redegewandt; guter Ratgeber; jemand, dem es schwerfällt Rat anzunehmen.

Tageskarte: Heute sollten Sie einen guten Rat annehmen oder fachlichen Rat einholen, bevor Sie handeln.

12 Vögel

Hektik

Aufregungen

Stresskarte

Sorgen

Einzelaussage: Vorsicht, es gibt sonst Ärger!

Personen: mindestens zwei Personen

Zahl: mindestens zwei

Die Karte zeigt uns Vögel, bei denen es sich je nachdem, welches Deck Sie verwenden, um Eulen, Schwalben, Spatzen oder Ähnliches handeln kann. Eines ist ihnen allerdings allen gemeinsam: Selten ist nur ein einzelnes Exemplar einer Art zu sehen, meistens sind mindestens zwei Tiere dargestellt.

Die Karte symbolisiert Aufregungen, Hektik, Stress, Klatsch und Tratsch. Vögel gelten als Boten der Lüfte und Mittler zwischen Himmel und Erde.

Wer kennt nicht Alfred Hitchcocks Filmklassiker *Die Vögel?* Tausende schwarzer Vögel, die gefährlich intelligent erscheinen, stürzen sich in Scharen auf Personen und töten diese mit äußerster Aggressivität. Unsere Herzen schlagen vor Angst höher. Auch Vögel verfügen über eine hohe Herzschlagfrequenz.

Stellen Sie sich eine aufgeregte Vogelschar vor – welch ein Geschimpfe, Gezeter, Geschnatter – die, wie bei Hitchcock, möglicherweise sogar als Bedrohung empfunden wird!

Ein Vogelschwarm kann schon einen ziemlichen Lärmpegel verursachen, und wenn er sich in die Lüfte erhebt, auch gewisse Turbulenzen. Für uns als Betrachter handelt es sich um ein aufgeregtes Durcheinander, wenn so eine aufgescheuchte Bande schimpft, weil sie sich gestört fühlt. Hört sich dieses Gezeter nicht an wie Getratsche? Auch Gerüchte verbreiten sich wie im Fluge … Und oft genug zieht Tratsch dann auch Stress und Sorgen nach sich.

Bei nur einer gezogenen Karte, *Vögel,* werden wir zur Vorsicht ermahnt, denn sonst könnte sich Ärger einstellen. Es ist besser, sich nicht provozieren zu lassen oder sich diplomatisch aus der Affäre zu ziehen.

Natürlich kann Aufregung auch etwas durchaus Positives sein, nämlich dann, wenn wir ein bisschen mehr Spannung in unser Leben bringen möchten, oder wenn die Liebe ins Spiel kommt.

In den Kombinationen zeigt sich, dass die *Vögel* auch Freude und Leichtigkeit in unser Leben bringen können. Dies zu deuten vermögen wir aber nur in der Großen Legung.

Ist es nicht auch phantastisch, wieder einmal sein verliebtes Herz klopfen zu hören? Die Kartenkombination *Vögel* und *Herz* lässt unser eigenes vor Freude aufgeregte, kleine Hüpfer machen.

Als Zahlkarte: Wenn wir von einer Vogelschar sprechen, meinen wir stets mehr als zwei Exemplare. Deshalb verbinden wir mit den *Vögeln* auch *mindestens zwei.* Und zum, naja, Sie wissen schon, gehören ja bekanntlich auch zwei …

In Haus 12, *Vögel,* liegt die Karte, die wir zu unserer Aussage hinzuziehen können.

Charakter: regt sich schon mal gerne auf; lässt sich leicht provozieren; wird recht schnell unruhig.

Tageskarte: Vorsicht, sonst gibt es heute Ärger; Klatsch und Tratsch vermeiden.

13 Kind

Neuanfang
Kindheit
gutgläubig, arglos
unselbstständig
klein

Einzelaussage: Neuanfang
Warnung vor kindischem Verhalten (Trotzreaktion)

Person: Kind bis pubertärer Jugendlicher

Die Karte zeigt ein kleines, weißgekleidetes Kind am Wegrand stehend, das einen Blumenstrauß in der Hand hält.

Die Karte symbolisiert die Redewendung »etwas steckt noch in den Kinderschuhen«, die wohl jedem geläufig ist. So repräsentiert das *Kind* denn auch etwas Neues oder einen neuen Anfang. Je nach Fragestellung kann sich dies auf die unterschiedlichsten Bereiche beziehen: eine neue Arbeitsstelle, eine neue Beziehung oder beispielsweise die Wiederbelebung einer alten Verbindung. Daneben kann die Karte auch etwas Kleines verkörpern, übersetzbar mit: ein wenig, ein bisschen.

Bei nur einer gezogenen Karte, *Kind,* lautet die Aussage »klein, wenig«. Ist jemand z. B. daran interessiert zu wissen, wie viel Geld er erwarten kann, lautet die Antwort: »kleines Geld (= wenig Geld)«. Mit Sicherheit erhält man also weniger als erwartet oder hat leider nur einen beschränkten Rahmen zur Verfügung.

Nach dem Beruf gefragt, zeigt das Kind einen neuen Job an. Ob es sich dabei um eine völlig neue Arbeitsstelle in einem anderen Unternehmen als bisher oder um eine neue Position innerhalb des alten Betriebes handeln wird, verrät uns die Karte leider nicht.

Sie merken schon, wie umfangreich der Symbolgehalt des Kindes ist. Deshalb sollten Sie Fragen möglichst konkret stellen, umso genauer fällt dann Ihre Antwort aus.

Spannend in diesem Zusammenhang sind auch Fragestellungen wie: »Warum ist die Situation so verlaufen?« Möglicherweise hat sich der Fragesteller kindisch oder trotzig verhalten.

Oder »Wie sehen mich andere? Etwa klein und unbedeutend?« Nein! Vielleicht nur ein wenig zu leichtgläubig und arglos, noch etwas kindlich oder ein bisschen zu unselbstständig.

»Was soll ich denn jetzt genau unternehmen?« Wie wär's denn damit, einmal alle fünf gerade sein zu lassen und das innere Kind so richtig schön auszutoben? Manchmal darf man eben ein wenig spielen und sich erinnern, wie sorglos und herrlich kindlich man sein kann, getreu dem Motto: »Fang an und glaube an das Gute!« Wir können von den Kindern so viel lernen.

Als Person repräsentiert die Karte tatsächlich auch ein Kind, vom Kindesalter bis zur Pubertät.

In den Kombinationen bei der Großen Auslegung erkennen wir an den umliegenden Karten Umstände, die ein Kind betreffen. Liegt die Karte mit anderen Themen zusammen, sieht man, was neu beginnt, wovon es nur ein wenig gibt oder ob etwas kleingehalten wird.

In Haus 13, *Kind,* liegt die Karte, die wir zu unserer Aussage hinzuziehen können.

Charakter: gutgläubig; arglos; ausgeprägtes inneres Kind.

Tageskarte: Ein guter Tag, um neue Dinge zu beginnen; heute entsteht etwas Neues.

14 Fuchs

gerissenes/gewitztes Vorgehen
bis zur Falschheit

Einzelaussage: etwas ist oder läuft falsch

Die Karte zeigt einen Fuchs in seiner natürlichen Umgebung, den Wiesen und Feldern. Er hat nichts im Maul.

Die Karte symbolisiert: »Fuchs Du hast die Gans gestohlen, gib sie wieder her!« Der Fuchs auf der Karte erinnert unweigerlich an das alte Kinderlied, in dem der verschlagene Geflügeldieb den armen Bauern schon wieder einmal auf Rache und Vergeltung sinnen lässt.

Oft wird die Karte *Fuchs* direkt mit Diebstahl in Verbindung gebracht. Wie auf den meisten anderen Lenormand-Kartendecks hat auch der Fuchs, der auf unserer Karte abgebildet ist, nichts im Maul. Deshalb kann man bei einer einzelnen Karte, der Tageskarte z. B., auch nicht automatisch auf Diebstahl schließen.

Der Fuchs ist ein Tier, das seine Instinkte lebt. Es stiehlt dem Menschen nicht wirklich etwas, es ist ein Jäger, das die menschliche Gesetzgebung nicht kennt und sich seine Beute dort besorgt, wo es sie kriegen kann. Dieses Verhalten deuten wir Menschen als falsch, denn aus unserer Sicht handelt es sich um Vorsatz. Selbst wenn der Bauer so unvorsichtig gewesen wäre, das Gatter des Hühnerstalls offen zu lassen, hätten wir dem gewitzten Leisetreter Fuchs noch vorgeworfen, am falschen Ort nach Nahrung zu suchen und ihn eines menschlichen Vergehens bezichtigt. Somit verbinden wir mit der Karte *Fuchs* auch *falsch* oder *Vorsicht, hier läuft etwas falsch.* In irgendeiner Form fühlt sich jemand falsch behandelt oder betrogen, meist durch bewusst gewitztes Vorgehen eines anderen.

Bei nur einer gezogenen Karte, *Fuchs,* achten wir also ganz besonders auf die Symbolik und rechnen damit, dass etwas schiefläuft, oder man sich sogar betrogen vorkommt.

Hintergrundwissen zur Karte: Wenn wir den Fuchs in der Natur beobachten, sehen wir ein wunderschönes Tier mit prächtig rötlichem Fell. Rot gilt als die Farbe der Liebe und Dynamik und manche Rothaarige muss sich seit ihrer Kindheit mit blöden Sprüchen herumplagen. Nicht umsonst hängt der Fuchsschwanz als Phallussymbol am Mantaspiegel, und manche Damen legen ihn als Statussymbol um ihren Hals.

Wüssten wir es nicht besser, könnten wir den Fuchs für eine Mischung zwischen Hund und Katze halten. Tatsächlich erinnert er an einen kleinen Wildhund, schleicht aber wie eine Katze, ist genauso eigenwillig und kaum zu zähmen.

Mythologie und Legende: In der Literatur wird der Fuchs meist mit Hinterhältigkeit, Gerissenheit, Trickserei in Verbindung gebracht und als übler Dieb dargestellt, der sich immer wieder herauswindet und so seiner gerechten Strafe entgeht. Ganz schön gerissen! Und schlau genug, um einen Menschen auszutricksen. Wir kennen ihn als Reineke Fuchs, der in einigen Märchen und Erzählungen sogar eine Jacke trägt, aufrecht gehen kann und in der Lage ist, mit den Menschen zu kommunizieren. Ein Fabelwesen mit tierischen Instinkten und menschlichen Charakterzügen. Die Botschaft, die diese Märchen transportieren, soll uns an unsere eigene Natur erinnern, an Instinkte und Triebe, die jeder von uns in sich trägt und die, je nach persönlichem Reifegrad, mehr oder weniger ausgeprägt sind.

In den Kombinationen bei der Großen Auslegung achten wir besonders auf die den *Fuchs* umgebenden Karten. Sie zeigen an, wie wir das meist abwendbare Schicksal gestalten. Der *Fuchs* steht auch für eingefahrene Verhaltensmuster, deshalb ist es gut, wenn man diese (möglicherweise auch als Fehler) erkennt und daraus lernen kann.

In Haus 14, *Fuchs,* liegt die Karte, die wir zu unserer Aussage hinzuziehen können.

Charakter: zu Füßen der Personenkarte liegend: ehrlich (manchmal zu ehrlich?), ansonsten Person mit Vorsicht genießen.

Tageskarte: Achtung! Rechnen Sie damit, dass heute nicht alles so ist, wie es scheint; etwas kann schieflaufen, oder man fühlt sich betrogen.

15 Bär

Selbstbewusstsein

Führungsqualitäten

Einzelaussage: Man kann der Sache/dem Menschen vertrauen

Person: männliche Person
z. B. der Vater, Chef und dergleichen
(auf Kombinationen achten) –
siehe auch Karte *28 Herr*: z. B. der Exmann, ungeliebter Ehemann, möglicher zukünftiger Partner der Fragestellerin

Die Karte zeigt einen Bären – einen Kerl wie er im Buche steht! Groß, stark, kraftvoll, mutig und Respekt einflößend. Statur und Haltung spiegeln Selbstbewusstsein und Selbstvertrauen wieder.

Die Karte symbolisiert hier den Beschützer schlechthin. Allerdings ist mit ihm nicht zu spaßen, sollte er gereizt werden, oder wenn man versucht ihn auszutricksen, wie es früher mit dem Tanzbären auf Jahrmärkten üblich war. Er wird dann zum Wüterich und wenn er einmal in Wallung gerät, ist er nicht mehr zu halten.

Für uns verkörpert der *Bär* das männliche und väterliche Prinzip in Vollendung: Eine starke Führungspersönlichkeit mit resoluter Durchsetzungskraft.

Gleichzeitig erinnert das Bild an den Teddy unserer Kindertage, unser erstes Schmusetier und unseren Lieblingsvertrauten, so richtig zum Kuscheln, Knuddeln und Spielen. Hier wird das Thema Vertrauen angesprochen. Mit dem Teddy im Arm konnte man so schön einschlafen, ohne sich vor etwas fürchten zu müssen! Der Bär ist in mancher Hinsicht groß und stark, kann aber auch langsam, tapsig, etwas umständlich, schwerfällig und gemütlich daherkommen. Genau das macht ihn so liebenswert! Sie erinnern sich noch an *Balu* aus *Das Dschungelbuch* von Rudyard Kipling?

Bei nur einer gezogenen Karte, *Bär,* kann man einem Menschen oder einer Sache trauen.

Hintergrundwissen zur Karte: Meister Petz, als Fabeltier noch ein Synonym für Gutmütigkeit, verwandelt sich in ein Wesen, das sich in einen regelrechten Rausch hineinsteigern kann, sollte es einmal provoziert werden, ähnlich den Berserkern. Diese werden als ekstatisch brüllende Krieger beschrieben, die prinzipiell in der ersten Reihe kämpften. Rücksichtsloses Vorgehen gegenüber anderen und ein sehr stark eingeschränktes Schmerzempfinden kennzeichneten sie. Eigene Wunden wurden kaum mehr wahrgenommen, was sie in die Lage versetzte, entscheidende, allerdings auch außerordentlich blutige Schlachten zu gewinnen. Sie kämpften vermutlich auf Seiten unterschiedlichster Germanenstämme. Sie wurden sowohl als Kämpfer, die aus vornehmen Geschlechtern stammten, dargestellt, als auch als familienlose, in Wäldern hausende Raubeine. Sie verkörperten einerseits Elitekrieger, die sich durch großen Mut und Kraft auszeichneten, andererseits auch streitsüchtige Gesetzlose. Der Wortstamm Bär ist vermutlich in dem Begriff Berserker enthalten.

Als Person stellt die Karte grundsätzlich einen Mann dar. Dies kann zum Beispiel ein Exmann, ein väterlicher Chef oder ein neuer Partner sein. Zwischen der Karte *Bär* und *Turm* liegt in der Großen Auslage, was den leiblichen Vater betrifft.

In den Kombinationen bei der Großen Auslegung zeigt der *Bär,* wie es um eine männliche Person in unserer Umgebung bestellt ist. Auch lässt die Karte auf das momentane Selbstbewusstsein schließen. Neben den entsprechenden Karten kann der *Bär* einen Hang zur Selbstüberschätzung bedeuten.

In Haus 15, *Bär,* liegt die Karte, die wir zur Aussage hinzuziehen können.

Charakter: starke Persönlichkeit; besitzt Führungsqualitäten; vertrauenswürdig.

Tageskarte: Beweisen Sie heute Selbstvertrauen oder übernehmen Sie die Führung bei einer Sache.

16 Sterne

Klarheit

Spiritualität, Astrologie, Esoterik

der Himmel

Kunst, Musik

Kälte, Schnee

Einzelaussage: alles bestens Erfüllung

Zeitfaktor: Nacht, Winter

Die Karte zeigt einen klaren nächtlichen Sternenhimmel.

Die Karte symbolisiert: »Alles bestens«, Klarheit oder Wunscherfüllung. In dunkler klarer Nacht die Augen zum Himmel richten – unendlich viele Sterne sehen …

Sie verkörpert auch die Bereiche Astrologie, Esoterik, Spiritualität. Wir sind mit himmlischen Gaben gesegnet, wenn wir uns mit unseren Talenten in der Kunst, Musik oder dem Handwerk verwirklichen können. Dieses inneren Reichtums sollten wir uns bewusst sein.

»Himmel hilf!« Nicht nur der fromme Gläubige schickt dieses Stoßgebet nach oben, wenn er sich Klärung und Hilfe beim Universum erhofft. Und hinter manch einer fallenden Sternschnuppe verbirgt sich einer unserer Wünsche, der doch bitte in Erfüllung gehen möge.

Mit den Sternen werden oft hohe Ziele verbunden: Der eine möchte *nach den Sternen greifen,* ein anderer möchte einen Stern sein Eigen nennen. »Du bist mein Stern« oder gar »Du bist der schönste Stern am Firmament« klingt wunderbar und überzeugt als Liebesschwur.

Seinem persönlichen Stern, seiner Vision zu folgen, soll Sehnsucht stillen, Hoffnung, Klarheit und Erkenntnis bringen. Dem Sternchen in der Musik- oder Kunstszene ist es schon gelungen, diesen Weg zu beschreiten. Dem

Erfolgreichen und Glücklichen wird nachgesagt, unter einem guten Stern geboren worden zu sein. Sterne können sehr real und greifbar werden, denn ein oder mehrere Sterne werden als Auszeichnung an Uniformen gestickt. Hotels und Spitzenköche werden mit Sternen bewertet, und auch aus der Schulzeit kennen wir die besondere Auszeichnung eines Sternchens im Hausaufgabenheft.

Allerdings werden nicht nur Sterne am Firmament entdeckt – manch Boxer hat schon so einige Kämpfe am Boden beendet und dabei Sterne um seinen Schädel kreisen sehen. Und sternhagelvoll zu sein ist auch nicht gerade ein erstrebenswerter Zustand.

Bei nur einer gezogenen Karte, *Sterne,* lautet die Aussage: »Alles bestens«, Klarheit oder Wunscherfüllung.

Mythologie und Legende: Der Stern von Bethlehem hat den drei Weisen aus dem Morgenland den Weg gewiesen, das Jesuskind zu finden. Auch soll, nach verschiedenen Glaubensrichtungen, auf jedem Stern ein Engel wohnen. Märchen und Filme versprechen uns, dass geliebte Menschen oder Tiere, die von uns gegangen sind, als neue Sterne am Himmel erscheinen und uns von dort oben zublinken.

In den Kombinationen mahnen uns die *Sterne,* nicht in Illusionen stecken zu bleiben. Wie diese aussehen, vermögen wir nur an den umliegenden Karten in einer Großen Auslegung zu erkennen.

Zeitfaktor: Die sternenklare Nacht, die wir auf der Karte sehen, erklärt die Zeitangabe Nacht, und besonders klare Luft haben wir erfahrungsgemäß im Winter. Da zum Winter Kälte und Schnee gehören, liegt es nahe, der Karte auch diese Symbolik zuzuweisen.

In Haus 16, *Sterne,* liegt die Karte, die wir zu unserer Aussage hinzuziehen können.

Charakter: sensitiv; eventuell spirituell; liebt klare Situationen.

Tageskarte: Heute ist ein schöner Tag, er steht unter einem guten Stern.

17 Störche

Wandlung
Veränderung

Einzelaussage: Umbruch
Veränderung vornehmen

Zahl: zwei

Die Karte zeigt ein Nest hoch oben auf dem Dach, das eine Storchenfamilie beherbergt.

Die Eltern wechseln sich beim Nisten ab, ein beständiges Kommen und Gehen ist gut zu beobachten. Beim Abflug in wärmere Gefilde, wenn bei uns die kalte Jahreszeit anbricht, ist wieder eine Veränderung angesagt – Zugvogelschicksal. Daher liegt es auf der Hand, die *Störche* als die Karte der Wandlung und Veränderung zu bezeichnen.

Die Karte symbolisiert Wandlung und Veränderung. Allgemein ist der Storch als Glücksbringer bekannt. Er ist außerdem ein beliebtes Wappentier und Frühlingsbote.

Mythologie und Legende: In der baltischen Mythologie gilt der Storch als Seelentier. Er befähigt die Seele den menschlichen Körper im Schlaf zu verlassen, beispielsweise als Storch!

Im Märchen *Kalif Storch,* von Wilhelm Hauff, wird die Verwandlungsfähigkeit des Storches folgendermaßen dargestellt: Nachdem Kalif Chasid von Bagdad und sein Großwesir ein Zauberpulver erworben haben, verwandeln sie sich in Störche. Leider entfällt ihnen der erlösende Ausdruck, mit dessen Hilfe sie wieder menschliche Gestalt annehmen können. Nach einigen Turbulenzen erinnern sie sich an das Zauberwort: *Mutabor* – lateinisch für *ich werde verwandelt werden.*

Meister Adebar, wie der Storch der germanischen Fabeltradition nach heißt, wurde unerschütterlich Generationen von Kindern als der verantwortliche Baby-Transporteur vorgegaukelt. Sexuelle Aufklärung war lange Zeit tabu, und wenn es hieß, »sie wurde vom Storch ins Bein gebissen«, bedeutete es, eine Frau würde Mutter werden. Nun gut, ins Bein beißen reicht nicht ganz. Bevor der Klapperstorch, der sich wegen nur mäßig ausgeprägter Stimme durch Geklapper mit seinem Schnabel bemerkbar macht, ein Kind vor die Tür legen kann, müssen **Bei den Kombinationen** im Großen Deck folgende Bedingungen erfüllt sein: Die Vereinigung von Mann und Frau *(Lilien)* bringt die Veränderung *(Störche)* und lässt daraus das neue Leben *(Kind)* entstehen.

Generell gilt bei Aussagen zu einer Schwangerschaft größte Vorsicht! Es genügt nicht, dass nur die Karten *Störche* und *Kind* fallen. Wie wir ja alle inzwischen wissen, bringt nun mal nicht der Klapperstorch die Babys, sondern wir brauchen dazu immer noch den guten, alten Geschlechtsverkehr, also die Karte *Lilien,* die ja unter anderem für die Sexualität steht.

Bei nur einer gezogenen Karte, *Störche,* kann man davon ausgehen, dass es auf jeden Fall zu einer Änderung der bisherigen Verhältnisse kommen wird, mehr noch: Wir sind eindeutig aufgefordert, aktiv etwas zu verändern.

Zahlkarte: Da Störche ein Leben lang mit ihrem Partner zusammenbleiben, und ein Pärchen nun mal zwei sind, bedeutet die Karte für uns auch die Zahl zwei.

In Haus 17, *Störche,* liegt die Karte, die wir zu unserer Aussage hinzuziehen können.

Charakter: fühlt sich oft hin- und hergerissen; wechselhaftes Temperament.

Tageskarte: Heute ist ein guter Tag, um eine Veränderung vorzunehmen; auf dem eingeschlagenen Weg sollte Umkehr erwogen werden; eine Situation ändert sich.

18 Hund

Freundschaft, Treue
Gutmütigkeit
langfristig

Einzelaussage: langfristig
Geduld

Person: männliche Person,
meist aus dem Freundeskreis stammend,
kann auch ein Bruder, Sohn oder Neffe sein

Die Karte zeigt einen Hund, der aufmerksam, offensichtlich zufrieden, wohlgenährt und gepflegt vor seiner Hütte liegt. Geduldig scheint er auf etwas zu warten oder etwas zu beobachten.

Die Karte symbolisiert Freundschaft und Treue. Der Hund gilt als loyaler, gutmütiger, anhänglicher und ergebener, aber auch beschützender Begleiter seines Herrn. Nicht umsonst nennt man ihn den »besten Freund des Menschen«.

Bei nur einer gezogenen Karte, *Hund,* handelt es sich um längerfristige Angelegenheiten, die unsere Geduld und Ausdauer erfordern. Die Einzelaussage der Karte lautet deshalb »Geduld haben« oder »langfristig«.

Hintergrundwissen zur Karte: Vom Wolf abstammend, wurde er zunächst als Jagdhund, später als Hütehund eingesetzt. Auch zum Schutz von Familie und Besitz und als Hof- und Karrenwächter leistete der Hund treue Dienste. Gut ausgebildete Tiere liefen zwischen den Rädern der Planwagen mit, um bei Gefahr Angreifer abzuwehren. Wer jagt und hütet, braucht Geduld und Ausdauer.

Heutzutage hat sich das Aufgabengebiet des Hundes erweitert: Er steht Blinden zur Seite und sucht nach Verschütteten in Erdbebengebieten.

Mythologie und Legende: Als Totemtier des irischen Helden Chuchulainn verkörpert der Hund das Erreichen von Zielen. In der Kunst wird er oft als Gehilfe der Jagdgöttinnen Artemis und Diana dargestellt. Odysseus kehrt nach langjähriger Abwesenheit nach Hause zurück, und nur sein altersschwacher Hund Argos erkennt ihn wieder. Wahre Treue!

In den Kombinationen warnt uns der *Hund* in der Großen Legung vor zu viel Gutmütigkeit, die leicht auszunutzen ist oder weist auf einen Menschen hin, der zu Konfliktvermeidung neigt. Ebenso können diese Eigenschaften auch als langweilig, undynamisch oder schlimmstenfalls hündisch ergeben interpretiert werden, und Geduld kann sich in Ungeduld verkehren, wenn bestimmte Kombinationen erfüllt werden. Auch die Untreue einer Person ist an den umliegenden Karten zu erkennen.

Als Person repräsentiert der *Hund* meist Menschen aus unserem Freundeskreis oder männliche Personen, wie zum Beispiel einen Bruder oder Sohn.

In Haus 18, *Hund,* liegt die Karte, die wir zu unserer Aussage hinzuziehen können.

Charakter: gutmütig; möchte keinem wehtun; guter Freund.

Tageskarte: Heute bitte abwarten, mit Geduld erledigen sich die Dinge von allein.

19 Turm

Trennung – klassische Trennungskarte
Isolation
Grenze, Hindernis
Egoismus
Behörde (je nach Umfeld)

Einzelaussage: Trennung
Isolation, Rückzug
Grenzen setzen

Person: hoher Vorgesetzter

Die Karte zeigt einen Turm als festen Bestandteil einer Stadtmauer. Er ist sehr hoch und scheint schwer zugänglich zu sein. Diese Art Bauwerk verbinden wir mit einem Grenzturm, der eine Stadt- oder Landesgrenze markiert. Auch als Wach- oder Gefängnisturm ist er uns geläufig. In jedem Fall verdeutlicht er: »Bis hierher und nicht weiter!« Sofort beschleicht uns ein Gefühl des Ausgestoßenseins, der Isolation.

Die Karte symbolisiert ein künstliches Hindernis. Hier handelt es sich keinesfalls um eine natürlich Grenze, sondern um eine, die von Menschenhand errichtet ist, mit dem Ziel nach strikten, egoistischen Maßstäben zu isolieren. Ein Hindernis, an dem selbst mitgewirkt wurde.

Auf Personen bezogen, bedeutet der *Turm* Rückzug, Trennung. Es leuchtet ein, dass dabei zwei Menschen beteiligt sind. Aber auch den Vorgesetzen repräsentiert der *Turm*. Wer Macht hat, kontrolliert und regiert weniger Mächtige, so wie der König das Oberhaupt seines Volkes ist und ihm Recht und Gesetz unterstehen. Heute übernimmt diese Funktion meist die Regierung, eine Behörde, unser Vorgesetzter oder Chef, unser Familienoberhaupt oder aber eine dominante Person.

Als Einzelkarte gezogen, kann der Turm die Aufforderung sein, Grenzen zu setzen, in den Rückzug zu gehen oder aber eine Trennung herbeizuführen. Die Empfehlung auf die Frage »Wie wird mein Tag?« könnte lauten, sich zurückzuziehen und ihn im Bett zu verbringen. Symbol hierfür wäre der Elfenbeinturm (biblisches Hohelied), der einen geistigen Ort der Abgeschiedenheit und Unberührbarkeit von der Welt bedeutet.

Hintergrundwissen zur Karte: Türme sind Bauwerke, deren Höhe ihren Umfang um ein Vielfaches ausmachen. Aus großer Entfernung weithin erkennbar, bieten sie einen guten Überblick auf die Umgebung. Zunächst schützten vermutlich von außen besteigbare Lehmhügel vor wilden Tieren (Savanne), später wurden hohle Türme gebaut, um sich vor menschlichen Feinden in Sicherheit bringen zu können. Im Laufe der Zeit wurden die Türme immer höher, sicherer und damit teurer. Nicht jeder hatte nun das Recht, sich in sie zu flüchten, sondern musste Tribut zahlen, um hineinzugelangen, denn sie gehörten den Königen. Der Turm wurde zum Symbol für die Macht des Herrschers und je höher er war, desto mächtiger war sein Besitzer.

Der Turm zu Babel ist der wohl berühmteste Turm der Erde: Ein Bild für die Überheblichkeit des Menschen, der immer höher hinaus möchte. Offensichtlich beherrscht uns Erdenbürger ein *Höhentrieb*, denn *oben* zu sein erscheint uns erstrebenswerter als *unten* unser Dasein zu fristen. Und als Kirchturm symbolisiert er die Brücke zwischen Himmel und Erde.

In den Kombinationen des *Turms* mit entsprechenden anderen Karten gibt die Große Auslegung darüber Auskunft, ob wir es mit einem selbstsüchtigen, verbohrten Menschen zu tun haben, ob es einen hohen Vorgesetzten der Chefetage betrifft oder ob uns gar eine Trennung bevorsteht, zu der wir unseren Teil beigetragen haben (siehe Kapitel 5).

In Haus 19, *Turm,* liegt die Karte, die wir zu unserer Aussage hinzuziehen können.

Charakter: hat Führungsqualitäten; streng; kann Grenzen setzen; egoistisch.

Tageskarte: Den heutigen Tag sollten Sie einmal ganz allein verbringen, einen Rückzug antreten oder Grenzen aufzeigen.

20 Park

Öffentlichkeitt (die Leute)
Veranstaltung, Fest
Seminar
Grünanlage, Park
öffentliches Gebäude

Einzelaussage: die Meinung anderer berücksichtigen
sich öffentlich für eine Sache einsetzen/bekennen

Die Karte zeigt eine künstlich gestaltete, bepflanzte und sehr gepflegte Grünanlage. Es sind keine Menschen oder andere Lebewesen zu sehen, so bleibt offen, wer mit wem dort hingehen kann.

Die Karte symbolisiert Schönheit, Kultur, Gepflegtheit und Bändigung der wilden Natur. Ein öffentlicher Garten, meist angelegt, um die Umgebung zu verschönern und uns einen Ort zu bieten, an dem wir ausruhen und uns erholen können. Menschen unterschiedlichster Herkunft und aus jeder Bevölkerungsschicht können hier zusammentreffen.

Bei nur einer gezogenen Karte, *Park,* ist es oft schwierig eine Aussage zu machen. Die einzelne Karte symbolisiert für uns: »Finden Sie heraus, was von Ihnen erwartet wird, oder was Sie der Öffentlichkeit anbieten können. Prüfen Sie, ob Ihr Angebot den Erwartungen oder dem Bedarf der Öffentlichkeit, also den anderen, entspricht. Können Sie ein Angebot der Nachfrage anpassen, um höhere Umsätze zu erzielen?« Vielleicht werden Sie aber auch aufgefordert, Werbung zu machen, Ihr Angebot einer größeren Öffentlichkeit vorzustellen.

Hintergrundwissen zur Karte: Viele Städte haben einen Stadtpark. Man sonnt sich, geht spazieren, Schulkindern wird die heimische Pflanzenwelt erklärt. Der Biergarten lädt zu einer kleinen Erfrischung ein, und das Naturbad bringt ein wenig Urlaubsstimmung in den Alltag. Schilder weisen auf den Verhaltenskodex hin: Kein Papier wegwerfen, Hunde an der Leine führen, Beete nicht betreten und Grünpflanzen nicht beschädigen. Anlage, Pflege und Organisation der Parks erfordern schließlich viel Arbeit, und wir sind hier nicht allein, sondern in Gesellschaft anderer Menschen. Wir verhalten uns nicht ganz so leger wie zu Hause. Wir tun, was die allgemeinen Sitten und Gebräuche, die Regeln der Gesellschaft von uns erwarten bzw. uns vorschreiben, wir passen uns an die Gegebenheiten und Gepflogenheiten an. In manchen Ländern, z. B. in Großbritannien, haben die Bürger Gelegenheit, ihre Meinung an bekannten Plätzen kundzutun, man denke an Speakers' Corner im Londoner Hyde Park. Hier haben sie die Möglichkeit, sich öffentlich für eine Sache einzusetzen!

In den Kombinationen bei der Großen Auslegung kann die Karte *Park* auch darauf hinweisen, sich nicht anzupassen, sondern einmal etwas ganz Individuelles zu wagen. Manchmal ist es ratsamer, noch abzuwarten, bevor man mit einem Vorhaben an die Öffentlichkeit tritt, weil der richtige Zeitpunkt noch nicht gekommen ist. Auch erkennen wir nur in der Großen Auslage, ob es sich bei der Karte *Park* um ein öffentliches Gebäude, wie z. B. ein Gericht oder Standesamt handelt.

In Haus 20, *Park,* liegt die Karte, die wir zu unserer Aussage hinzuziehen können.

Charakter: gesellig; gern unter Menschen; gesellschaftlich engagiert zu sein ist wichtig.

Tageskarte: Heute sollten Sie sich für einen guten Zweck einsetzen; andere Menschen erwarten etwas von Ihnen.

21 Berg

Schwierigkeiten
Blockade, Frustration
dominant
nicht flexibel

Einzelaussage: schwierige Situation
Hindernis umgehen
umdenken, Alternativen finden

Person: Chef

Die Karte zeigt einen kompakten Berg, der unwillkürlich an Härte, Beständigkeit und Unveränderlichkeit erinnert. Vor dem Berg ist eine Wiese zu sehen, die um ihn herumzuführen scheint.

Die Karte symbolisiert eine natürliche Blockade, die unsere Sicht und unseren Weg versperren kann, und an der wir zunächst nicht vorbeikommen, so sehr wir uns auch bemühen mögen. Dieses dominante Massiv ist, im Gegensatz zur Karte *Turm,* nicht von Menschenhand errichtet. Wir können uns daran den Kopf einrennen oder sinnvoller, weil weniger schmerzhaft, umdenken und Alternativen suchen. Sehr schön und passend ist in diesem Zusammenhang der weise Spruch von Reinhold Niebuhr: »Gott gebe mir die Gelassenheit, Dinge hinzunehmen, die ich nicht ändern kann, den Mut, Dinge zu ändern, die ich ändern kann, und die Weisheit, das eine vom anderen zu unterscheiden.«

Der *Berg* warnt auch vor Schwierigkeiten und enthält die Aufforderung einen Weg zu finden, Hindernisse zu umgehen. Wir wachsen an Problemen und sollten sie als Zeichen und sportliche Hürde nehmen, deren Überwindung uns unsere eigene Stärke und Bewusstheit vor Augen führen kann.

Manchmal ist es einfach vernünftiger, innezuhalten und zu überlegen, ob sich hinter einem *Stopp!* nicht ein Segen verbirgt, gemäß der abgewandelten

Devise: »Wenn der Berg nicht um den Propheten geht, muss der Prophet eben um den Berg gehen.«

Bei nur einer gezogenen Karte, *Berg,* werden wir ermuntert, umzudenken und Alternativen zu finden, damit eine schwierige Situation aufgelöst werden kann.

Hintergrundwissen zur Karte: Berge sind Erhebungen, die hoch und steil, spitz oder schroff, blockartig oder auch flach aussehen können. Meist sind sie Teil eines Gebirges, stehen aber auch frei, wobei ihre *Höhe* relativ zur sie umgebenden Landschaft ist. Von so einem Plateau aus hat man – wenn das Wetter es zulässt – einen guten Überblick. Um viele Berge ranken sich Sagen und Mythen, und manche Menschen fühlen sich dort dem Himmel näher. Aus diesem Grund sind einige Berge zu Pilgerstätten geworden, wie beispielsweise der griechische Heilige Berg Athos. Der Aufstieg war lange Zeit beschwerlich und nur zu Fuß oder per Maultier möglich. Aber die Bezwingung des Gipfels lohnt sich für die Wallfahrer noch heute, gilt er doch als eine Leiter zu Gott, der unsere Sehnsucht nach dem Höchsten zu erfüllen verspricht. Je mühevoller der Aufstieg, desto lohnender das Ziel.

Als Person haben wir es hier mit einem etwas schwierigen Chef zu tun, gegen den man überhaupt nicht ankommt, und daher sollte man eher einen diplomatischen Umgang mit ihm pflegen.

In den Kombinationen bei einer Großen Auslegung gibt die Karte *Berg* darüber Aufschluss, was und warum etwas gerade blockiert ist oder in welchem Bereich eine Blockade oder Schwierigkeiten zu erwarten sind.

In Haus 21, *Berg,* liegt die Karte, die wir zu unserer Aussage hinzuziehen können.

Charakter: kann sehr stur sein; steht sich zum Teil selbst im Weg.

Tageskarte: Rechnen Sie heute mit Hindernissen und Hürden, auch wenn diese nicht von Ihnen selbst verschuldet wurden; suchen Sie nach Auswegen, Alternativen; heute ist ein Gipfelerlebnis möglich.

22 Wege

Entscheidung
Scheideweg, Kreuzung
Suche nach Alternativen

Einzelaussage: eine Entscheidung treffen

Zeitfaktor: innerhalb von sechs bis sieben Wochen

Zahl: zwei

Die Karte zeigt eine Weggabelung, von der aus man in mehrere Richtungen gehen kann. Zentral, auf einem Stück Wiese zwischen den Wegen, steht ein Wegweiser. Auch ist eine Brücke zum anderen Ufer des Flusses zu sehen. Selbst wenn dort kein Weg auszumachen ist, gibt es mit Sicherheit die Möglichkeit über die Wiese zu laufen.

Die Karte symbolisiert Entscheidungsmöglichkeiten. Zwei oder mehrere Wege, die an einem bestimmten Punkt zusammenlaufen und sich dann wieder trennen. In der Mitte angekommen, muss man eine Entscheidung treffen, um voranzukommen. Wir kennen Straßen- oder Bahnkreuzungen, und die Genetik bezeichnet hiermit den Vorgang, Tiere oder Pflanzen verschiedener Herkunft miteinander zu kreuzen, damit neue Arten und Sorten entstehen können. Es wird auch in diesen Beispielen eine Entscheidungsmöglichkeit geboten. Es geht darum, ob etwas Neues entstehen soll. Im übertragenen Sinn stehen wir oft vor Wahlmöglichkeiten an einer Kreuzung und müssen uns entscheiden, welchen Weg wir gehen wollen. Manchmal sind es kleine Entscheidungen, die zu treffen sind, ein andermal stehen wir vor Alternativen, die unser ganzes Leben verändern können. Hierbei wird klar, dass nur eine eindeutige Entscheidung eine gute Entscheidung ist, denn nur dann führt uns der Weg weiter. Dieser Weg kann eine ganz neue, unerwartete Erfahrung für uns bereithalten.

In Zeiten der Verunsicherung fällt die Wahl schwer. Wer kennt sie nicht, die Qual der Wahl. Angst, die falsche Bestimmung zu wählen, lässt uns verharren und abwägen. Diesen Punkt müssen wir überwinden, denn sonst kann es passieren, dass wir durch zögerliches Abwarten eventuell entscheidende Dinge in unserem Leben verpassen.

Der Wegweiser symbolisiert den Hinweis eine Position einzunehmen, an der man nicht übersehen wird. Stellen Sie sich zentraler auf oder versuchen Sie selbst als Anlaufstelle zu dienen. Nicht umsonst sind Wochenmärkte oft genau an einer Kreuzung oder an einem anderen zentralen Ort gelegen. Ein Dreh- und Angelpunkt, der von niemandem übersehen werden kann.

Bei nur einer gezogenen Karte, *Wege,* gilt folgender Rat: »Treffen Sie eine Entscheidung, denn es ist besser an einer Kreuzung zu stehen, als sich im Kreis zu drehen.« Überängstlichen sei geraten, dass es besser ist, eine Entscheidung zu treffen, als gar nichts zu tun, denn selbst wenn wir glauben uns falsch entschieden zu haben, können wir jederzeit eine neue Entscheidung treffen. Und außerdem führen ja bekanntlich viele Wege nach Rom …

In den Kombinationen mit anderen Karten ist zum Beispiel erkennbar, ob eine schnelle Entscheidung richtig wäre oder ob man besser noch abwarten sollte, um Fakten zu prüfen oder ob einem sogar eine Entscheidung abgenommen wird.

Zahlkarte: Da es mindestens 2 Auswahlmöglichkeiten geben muss, um eine Entscheidung treffen zu können, repräsentiert die Karte *Wege* auch die *Zahl zwei.*

In Haus 22, *Wege,* liegt die Karte, die wir zu unserer Aussage hinzuziehen können.

Charakter: je nach Lage, entweder entscheidungsfreudig oder aber auch: scheut eine schnelle Entscheidung. Hier wird differenziert, ob die Karte vor, hinter oder unter einer Personenkarte zu liegen kommt.

Tageskarte: Heute wird eine Entscheidung getroffen; zögern Sie nicht eine Entscheidung zu treffen.

23 Mäuse

Verlust

Unzufriedenheit

Einzelaussage: Zeitverlust

Die Karte zeigt mehrere verschiedenfarbige Mäuse, die sich um einen kleinen Geröllhaufen versammelt haben. Eine Maus, die nach links schaut, sitzt ganz oben auf dem Haufen, als ob sie ihren Platz dort behaupten würde.

Die Karte symbolisiert Verlust jeglicher Art (außer Tod). Haben Sie schon einmal beobachten können, wie schnell die kleinen Nager Grashalme durch die Erde hindurch nach *unten* ziehen können? Fast unheimlich, wenn plötzlich der Halm in der Erde verschwindet! Weg ist er!

Mäuse besiedeln fast alle Länder dieser Erde. Sie bewohnen Steppen, Wüstengebiete und Kulturland und ernähren sich von Samen, Gräsern und manchmal von Insekten. Sie graben Tunnel und bauen Nester, in denen sie Vorräte ansammeln.

Wo Menschen leben, lassen sich auch Mäuse gern nieder. Sie brauchen dann für weniger eigenen Vorrat zu sorgen, sondern naschen von unzureichend geschützten Lebensmitteln.

Da sie keinen Winterschlaf halten, räubern sie genüsslich das gesamte Jahr hindurch und bedienen sich der Vorräte aus Haus und Hof. In früheren Zeiten eine regelrechte Plage, denn diese süßen Allesfresser machen nicht einmal vor Verpackungen Halt und schrecken selbst vor einem Stück Seife nicht zurück.

Es herrschten Zeiten, in denen Lebensmittel sehr knapp waren, und Arbeit gab es noch viel weniger. Viele Nahrungsmittel wurden selbst hergestellt, Gemüse und Kartoffeln stammten aus eigenem Anbau. Kühlschränke, in denen Nahrung haltbar gelagert werden konnte, kannte man noch nicht. Lebensmittel mussten daher kühl in Keller oder Schuppen aufbewahrt werden. Hier hatten die Nager es noch leichter, sich Futter zu beschaffen. Da sie als Überträger von Krankheiten galten, waren auch nur leicht angeknabberte Nahrungsmittel bereits unbrauchbar geworden. Eine Mäuseplage bedeutete manchmal sogar Hungersnot, und die harte Arbeit war umsonst. Zeit versprach damals also nicht nur Geld, sondern auch lebensnotwendige Nahrung.

Die kleinen Nager, die die Karte *Mäuse* zeigt, stehen deshalb für Verlust – nicht aber den realen Verlust einer Person. Mäuse fressen zwar fast alles und stehlen uns damit viel Zeit, aber sie sind keine gefährlichen Raubtiere. Eher wird unser Gefühlsbereich angesprochen, gemäß der Redewendungen »das nagt an mir« oder »ich bin ganz schön angefressen!« Aber auch der Verlust einer Sache, wie beispielsweise eine ganz konkrete Geldeinbuße, kann damit gemeint sein.

Bei nur einer Karte, *Mäuse,* können und wollen wir uns zu keiner bestimmten Verlustmeldung hinreißen lassen, sondern sprechen hier von *Zeitverlust.* Tatsächlich heißt das: Wenn Sie einen festen Termin haben, sollten Sie, falls die *Mäuse* erscheinen, mehr Zeit einkalkulieren, um von A nach B zu kommen, denn es wird vermutlich alles länger dauern als ursprünglich geplant.

Witzigerweise finden sich Mäuse oft als Illustrationen auf nostalgischen Spieluhren, den Zeitmessern vergangener Tage.

In den Kombinationen bei einer Großen Auslegung werden die *Mäuse* ihrer Lage nach gedeutet:

- Sie ***fressen,*** was ***links*** von ihnen liegt (weil die Obermaus nach links schaut) und
- ***pupsen*** auf das, was ***rechts*** davon fällt, dies heißt, dass wir in dem entsprechenden Bereich unzufrieden sind, weil hier etwas im Argen liegt oder ungünstig ist.
- Mit allen anderen Kombinationen bedeutet die Karte Zeitverlust.

Die positive Aussage der Karte liegt darin, dass Mäuse sich durch fast alles hindurchbeißen können und immer wissen, wo der Käse zu finden ist. Betrachten wir also den Zeitverlust nicht etwa als verlorene Zeit, sondern vielmehr als ein »Schlupfloch«, das die Maus findet, um die Zeit mit etwas Sinnvollem zu füllen.

In Haus 23, *Mäuse,* liegt die Karte, die wir zu unserer Aussage hinzuziehen können.

Charakter: Verlustangst; sich schnell Sorgen machen; sich zurückgesetzt fühlen.

Tageskarte: Planen Sie heute lieber Zeit ein, denn etwas könnte länger dauern; Zeitverlust droht.

24 Herz

die Liebe

herzlich

hilfsbereit

Einzelaussage: Alles wird gut!

Die Karte zeigt uns ein pralles, knallrotes, unversehrtes Herz – woran denkt man da natürlich zuerst? Na klar, an die Liebe, und zwar mit all ihren Wonnen! Und mit Aussagen wie »Du bist mein Herz« oder »ich schenke Dir mein Herz«, drücken wir seit jeher Verbundenheit, wenn nicht sogar starke Zuneigung oder eben unsere Liebe für einen anderen Menschen aus.

Die Karte symbolisiert Liebe, Mut, Lebenswillen und Güte. Das Herz ist ein zentrales Organ, ohne das wir nicht lebensfähig wären. Wir verbinden es mit intensiven Gefühlen und Angelegenheiten, die uns sehr am Herzen liegen. Wir stecken unser Herzblut in eine Sache, wir nennen den Motor das Herzstück unseres Autos und sprechen Helden ein mutiges Herz zu, wie beispielsweise Richard Löwenherz. Herzensprüfungen wie sie in Märchen dargestellt sind, werden wir bestehen, wenn wir ein offenes Herz haben, unsere Herzensgüte gefragt ist. Alles wird gut! Jede noch so scheinbar ausweglose oder belastende Situation wird, wenn diese Karte erscheint, glücklich enden.

Spirituell hat das Herz eine besondere Bedeutung. »Tief im Herzen kennst Du die Wahrheit« und »mit dem Herzen sieht man besser«, sind Weisheiten, die auffordern, der Stimme des Herzens zu vertrauen, auch wenn die Realität manchmal anders aussieht.

Bilder von Herzen, die mit einem Pfeil durchbohrt sind, erinnern an Amor, der unser Herz getroffen hat und damit unsere Liebe weckte. Da diese bekanntlich sowohl Freude als auch Leid verursacht, wird damit ebenso unsere Verwundbarkeit und Verletzlichkeit dargestellt. Lange bevor die Realität uns einholt, warnen feine Gefühlsantennen – und schon verkrampft sich das Herz und »blutet«. Liebeskummer tut richtig weh!

Bei nur einer gezogenen Karte, *Herz,* deuten wir in jedem Fall: Alles wird gut! Jede noch so scheinbar ausweglose oder belastende Situation wird, wenn diese Karte erscheint, happy enden. Na also, geht doch!

Hintergrundwissen zur Karte: Bereits im 3. Jahrhundert v. Chr. findet das Herz in stilisierter Darstellung von Feigenblättern oder Efeublättern seine Bedeutung. Als sehr langlebige Pflanze steht Efeu für die ewige Liebe. Im 8. Jahrhundert wurden daher Efeu-, Weinblätter und herzförmige Weintrauben als Dekor auf Vasen angebracht und in minoischer Freskenmalerei verewigt.

In Liebesszenen tauchte das Rot als Farbe der Liebe auf. Bemalte Efeublätter in der Minneliteratur des 12. und 13. Jahrhunderts waren keine Seltenheit. Anfang des 16. Jahrhunderts wurden die Kelche (der Gral) auf italienischen Spielkarten durch ein Herz ersetzt.

In den Kombinationen bei der Großen Auslegung geben die an das *Herz* grenzenden Karten Auskunft darüber, wie es um unsere Liebe bestellt ist. Es kann vorkommen, dass bestimmte Kombinationen aufzeigen, was in diesem Bereich nicht stimmig ist. Ein Zuviel an Liebe kann erdrücken, oder Liebe wird uns entgegengebracht, die wir leider nicht erwidern können. Die umliegenden Karten können auf Eifersucht, Liebeskummer oder auf ein krankes Herz hinweisen. Hinter Herzrasen und Herzstolpern kann auch eine Erkrankung stecken.

Je nach Lage der Karten ergeben sich spannende Einsichten in die Liebesgeheimnisse des Ratsuchenden, die mit äußerster Diskretion behandelt werden sollten. Aber nicht nur in der Liebe gibt es Momente, die unser Herz höher schlagen lassen.

Ob wir unseren Job gerne ausüben, ein Hobby haben, das wir zum Beruf machen könnten oder Geld lieben, all das verraten die *Herz*-Kombinationen.

In Haus 24, *Herz,* liegt die Karte, die wir zu unserer Aussage hinzuziehen können.

Charakter: hilfsbereit, gutherzig.

Tageskarte: Ihr Herz wird heute durch etwas erfreut.

25 Ring

Verbindung

Verpflichtung

Vertrag

Ring

Einzelaussage: Beziehung
Verbindlichkeit
Kreislauf
Wiederholung

Die Karte zeigt einen schön verzierten Ring mit einem eingesetzten, rubinroten, geschliffenen Stein. Eine Papierbordüre umschmeichelt den Stein im Hintergrund, als ob damit etwas kundgetan werden soll.

Die Karte symbolisiert die Ewigkeit. Der *Ring* ist auch ein symbolisches Zeichen für die Einheit, das Absolute, Vollkommene und Ganze sowie Bindungsbereitschaft. Ein Ring wird noch heute als Zeichen besonderer Würde oder Verbundenheit (Ehering, Verlobungsring) einem anderen Menschen anvertraut und von diesem getragen. Heiraten zwei Menschen, so geben sie sich – mit oder ohne Ehevertrag – ein Versprechen. Nämlich zueinander zu gehören, sich als Partner zu verstehen. Aber auch ohne Ehegelöbnis fühlen zwei Partner sich an etwas gebunden oder verpflichtet: Die Karte *Ring* versinnbildlicht Verbindungen aller Art, Verpflichtungen, Verträge. So können darunter auch Arbeits-, Miet- oder Kaufverträge, Versprechen und Ähnliches mehr verstanden werden.

Als Einzelaussage kann die Karte *Ring* (neben Verbindung, Vertrag, Verpflichtung) auch ein Hinweis darauf sein, sich nicht unnötig im Kreis zu drehen, sondern Schritte zu unternehmen, um voranzukommen. Manchmal ist es allerdings erforderlich, so lange auf der Stelle zu treten und in der Warteschleife zu hängen, bis eine Erkenntnis gereift ist und die nächsten Schritte möglich werden.

Hintergrundwissen zur Karte: Einem antiken Brauch zufolge reichte der Gast seinem Gastgeber zum Abschied entweder die Hälfte einer zerbrochenen Tontafel oder eines Tonrings, die bei einem Gegenbesuch eines Mitglieds der Gastgeberfamilie als Erkennungszeichen galt. Ließen sich die beiden Bruchstücke des Ringes zusammenfügen, war klar: Diesen Menschen oder seine Familie kenne ich und jetzt bin ich an der Reihe mich zu revanchieren, um meine Gastfreundschaft zu erweisen. Eine unausgesprochene gastfreundschaftliche Verpflichtung, die unaufhörlich wiederholt wird, bis einer den Kreislauf durchbricht.
Bei den Ägyptern galt der Ring als Sinnbild für die Ewigkeit.

Mythologie und Legende: Hier spielt der Ring eine sehr große Rolle. Es gibt Glücksringe und verwunschene Ringe, oft findet auch die Jagd nach einem magischen Ring statt. Der Ring kann seinem Träger Unglück bringen, wenn er mit einem Fluch belegt ist. Aber er vermag ebenso Dämonen abzuhalten durch speziell eingeritzte Zeichen. Ob in »Der Ring der Nibelungen«, »Der Fischer und seine Frau« oder in der Romantrilogie »Herr der Ringe« – es wimmelt nur so von Ringen in der Märchen-, Sagen- und Fantasyliteratur.

In den Kombinationen bei der Großen Auslegung können wir an den umliegenden Karten erkennen, woran und in welcher Form ein Mensch sich gebunden oder wozu er sich verpflichtet fühlt.

In Haus 25, *Ring,* liegt die Karte, die wir zu unserer Aussage hinzuziehen können.

Charakter: In einer Partnerschaft kann man über sich hinauswachsen; man ist nicht gern allein.

Tageskarte: Ein Tag, an dem Sie darauf achten sollten, voranzukommen; heute könnten Sie einen Kreislauf durchbrechen.

26 Buch

Schriftstellerei
Bücher
Wissen
etwas Verschlossenes
Geheimnis

Einzelaussage: noch nicht spruchreif
Verschwiegenheit

Die Karte zeigt ein mit einem Lesezeichen gekennzeichnetes, geschlossenes Buch. In anderen Decks ist das Buch geöffnet.

Die Karte symbolisiert, dass etwas noch nicht spruchreif ist. Selbst wenn wir den Anfang einer Geschichte schon kennen, wissen wir jetzt noch nicht, wie sie weitergehen wird oder einmal endet. Das Wissen darum ist uns noch verborgen. Nur wenn wir weiterlesen, wird sich das Geheimnis offenbaren.

Das *Buch* steht auch für unser eigenes, inneres Wissen.

Bei nur einer gezogenen Karte, *Buch,* wissen wir, dass etwas noch nicht so weit ist, ein Ereignis steht momentan noch nicht an, wir sollen noch nicht alles wissen, etwas ist uns noch verschlossen. Gezogen als Ergebniskarte auf die Frage »Was soll ich tun?«, könnte die Antwort in diesem Falle lauten: »Gib nicht alles preis. Reden ist Silber, Schweigen ist Gold.«

Hintergrundwissen zur Karte: Generell verbinden wir mit der Karte Bücher, Schriftstellerei und Wissen. In Büchern finden wir das seit Generationen überlieferte und an uns weitergegebene Wissen – zunächst in Stein gemeißelt, später auf Papyrusrollen geschrieben und seit der Erfindung des Buchdruckes in der uns bekannten Form dargestellt. Das »Buch des Lebens«

soll nach jüdischer und christlicher Vorstellung alle Namen derjenigen Menschen beinhalten, die gottesfürchtig gelebt haben.

Wissen erlangen wir im Allgemeinen dadurch, dass wir in die Schule gehen und lernen. Die einen entscheiden sich danach für ein weiterführendes Studium, um sich zu spezialisieren. Andere ziehen es vor, eine Lehre zu machen. Stehen wir dann im Berufsleben, ist es durchaus sinnvoll, sich in Fort- oder Weiterbildungskursen Zusatzwissen anzueignen, das uns auf den neuesten Stand bringt. Auch Kurse in Volkshoch- oder Abendschulen bieten die Möglichkeit, unseren Neigungen entsprechende Angebote zu nutzen, um Neues hinzuzulernen.

In den Kombinationen bei einer Großen Auslegung kann anhand der umliegenden Karten erkannt werden, ob es einem Menschen schwerfällt, etwas für sich zu behalten, oder ob er zum Beispiel dazu neigt, belastende Dinge in sich hineinzufressen, für sich zu behalten. Wissen bedeutet Macht – aber nur, wenn es nicht in die Isolation treibt.

Auch wie es um die schulische Entwicklung unserer Kinder steht, können wir in der entsprechenden Kartenkombination lesen. Wir erkennen dann, ob es eventuell sinnvoll wäre, einen Sprachkurs zu belegen, oder wir sehen, dass wir möglicherweise gar nicht mehr wissen, wie in einer bestimmten Situation zu handeln ist.

In Haus 26, *Buch,* liegt die Karte, die wir zu unserer Aussage hinzuziehen können.

Charakter: verschwiegen; behält viel für sich; frisst die Dinge in sich hinein, möchte aber alles wissen; gebildet.

Tageskarte: Jemand verschweigt Ihnen etwas – finden Sie heraus, was es ist. Sagen Sie nicht alles, was Sie wissen.

27 Brief

Nachricht (jeder Art)
Brief, Telefonat
Korrespondenz (auch im Sinne von:
korrespondieren = dazu passen)
unbeschwert, unverbindlich

Einzelaussage: Nachricht
Kontakt
eingehender prüfen

Die Karte zeigt einen Brief, der fast über dem Tisch zu schweben scheint. Auf anderen Decks ist ein Vogel zu sehen, der das Schriftstück im Schnabel trägt. Dies kann bedeuten, dass die Nachricht, die uns erreichen soll, noch unterwegs ist, oder weist auf das Gewicht beziehungsweise die Bedeutung dieser Mitteilung hin – Leichtigkeit. Noch ist der Brief versiegelt, wir wissen also nicht, welchen Inhalt wir zu erwarten haben.

Die Karte symbolisiert eine Nachricht oder eine Botschaft. Ein Brief (lateinisch: *brevis* = kurz) ist eine auf Papier geschriebene Mitteilung, die eine an uns gerichtete persönliche Botschaft des Absenders enthält. Heutzutage verstehen wir darunter natürlich nicht mehr nur die schriftliche, sondern auch die elektronische Form der Nachrichtenübermittlung (Telefone, Faxe, E-mails ...).

Bei nur einer gezogenen Karte, *Brief,* symbolisiert sie die lang ersehnte Nachricht!

Der *Brief* kann aber auch bedeuten, dass etwas in der Schwebe ist und erst noch eingehender geprüft werden muss oder, je nach Fragestellung, die Aufforderung enthalten, die Dinge etwas leichter zu nehmen, lockerer damit umzugehen, ein wenig mehr Unverbindlichkeit an den Tag zu legen.

Hintergrundwissen zur Karte: Ab Ende des 15. Jahrhunderts gab es die ersten offiziellen Postreiter, die für die Überbringung der Nachrichten zuständig waren. Diese Art der Zustellung war eine kostspielige Angelegenheit und wurde deshalb hauptsächlich von Amtspersonen, Kaufleuten und der Oberschicht in Anspruch genommen. Später setzte man zusätzlich Brieftauben ein, die – vor der Erfindung des Telegrafen – die einzige Möglichkeit boten, wichtige Informationen schneller zu übermitteln, als ein berittener Postillion dazu fähig gewesen wäre. Der Beginn der Flugpost war entstanden. In Kriegszeiten eine Notwendigkeit, um dem Feind nicht mit militärischen Geheimnissen in die Arme zu reiten.

Die Brieftaube gilt außerdem als romantisches Symbol des zärtlichen, leichten Gedankenaustauschs, da wir mit der Taube Frieden und Sanftheit verbinden.

Mythologie und Legende: Schon die Babylonier, Griechen und Römer bedienten sich des Briefs der Nachrichtenübermittlung, allerdings mittels geritzter oder mit Wachs beschichteter Tafeln aus Ton oder Holz. Überbracht wurden die Nachrichten durch Boten, entweder zu Fuß oder durch einen Reiter.

In den Kombinationen mit anderen Karten können Sie innerhalb der Großen Auslegung erkennen, welcher Art eine Nachricht ist und wie sie aufgenommen wird. Auch wird ersichtlich, ob die Nachricht über E-Mail oder Kurzmitteilung per Handy kommt. Weiter können wir in Erfahrung bringen, ob es einer Person eventuell an Tiefgang mangelt, oder unter Umständen manche Dinge zu sehr auf die leichte Schulter genommen werden.

In Haus 27, *Brief,* liegt die Karte, die wir zu unserer Aussage hinzuziehen können.

Charakter: lockere Einstellung; kommunikativ.

Tageskarte: Nehmen Sie die Dinge heute nicht so schwer, gönnen Sie sich ein wenig Leichtigkeit, Unbeschwertheit. Heute könnte eine Nachricht von Bedeutung sein.

28 Herr

Fragesteller
Lebensgefährte der Fragestellerin
zukünftiger Herzensmann
ihr Geliebter oder zukünftiger Partner

Einzelaussage:
Fragesteller: Stellen Sie sich und Ihre Bedürfnisse in den Vordergrund.
Fragestellerin: Lassen Sie die Meinung Ihres Partners gelten und schenken Sie seinen Bedürfnissen mehr Aufmerksamkeit!

Die Karte zeigt einen attraktiven, selbstbewussten Mann mit Hut und Gehstock in der Hand, gekleidet in einen feinen Rock des 18. Jahrhunderts – ein wirklicher *Herr*.

Allerdings ist die ehemals als Standesauszeichnung verwendete Anredeform *Herr* meist nur noch eine reine Höflichkeitsbekundung, wie beispielsweise bei Medizinern, Männern des Rechts oder Kirchenvertretern (»Herr Doktor«, »Herr Anwalt« oder »Ehrwürdiger Herr«).

Die Karte symbolisiert das Männliche und den männlichen Anteil in uns (Animus).

Als Einzelaussage – und bei einem Fragesteller fordert die gezogene Karte *Herr* dazu auf, die eigenen Bedürfnisse ernst zu nehmen und zu versuchen, diese auch durchzusetzen.

Zieht eine Fragestellerin die Karte *Herr*, lautet die Aufforderung, die Belange des Partners ernst zu nehmen oder aber ihre inneren männlichen Anteile, ihren Animus, zu leben.

Hintergrundwissen zur Karte: Die heute übliche Anrede eines männlichen Erwachsenen mit *Herr* (althochdeutsch: *heriro*, lateinisch: *dominus* =

Herr, *domus* = Haus*herr* oder lateinisch: *magister* = Meister, Diens*therr*) plus Familienname, drückte ursprünglich aus, dass hier ein gesellschaftlich höhergestellter Mann von einem Untergebenen oder Abhängigen angesprochen wurde. Der *Herr*scher hatte Macht über die ihm unterstellten Personen, seine Anweisungen mussten befolgt werden. Diese *Herr*schaftsfunktion wurde vom Familienoberhaupt, Adligen, Kirchenvertretern oder Titelträgern ausgeübt. Die *Herr*schenden waren in der Regel finanziell besser gestellt und verfügten meist über Bildung und Manieren. Noch heute sprechen wir von einem *Herrn,* wenn wir damit ausdrücken wollen, dass es sich um einen Vertreter des männlichen Geschlechts handelt, der über vollendete Umgangsformen und gesellschaftliches Ansehen verfügt. »Herr« ist ein Synonym für Gott, der »Herr der Finsternis« versinnbildlicht seinen Gegenpart, den Teufel, und wir sind »Herr der Lage«, wenn wir in einer bestimmten Situation nicht die Nerven verlieren, sondern die Dinge kontrollieren können.

Als Person: Handelt es sich um eine Fragestellerin, wird mit dieser Karte ihr zukünftiger Herzensmann oder der Mann, den sie liebt, dargestellt. Ist die Trennung vom Ehemann/Partner emotional bereits vollzogen, kann die Karte ihren Geliebten oder zukünftigen Partner symbolisieren (vergleiche Karte *15 Bär).*

In den Kombinationen bei der Großen Auslegung zeigt die Karte *Herr,* womit sich der Partner gerade beschäftigt, wie er zu einem steht oder wie es um den Mann bestellt ist, der als Partner infrage kommen könnte.

In Haus 28, *Herr,* liegt die Karte, die wir zu unserer Aussage hinzuziehen können.

Charakter: gut ausgeprägte männliche Seite.

Tageskarte für einen Mann: Stellen Sie heute sich selbst und Ihre Bedürfnisse in den Vordergrund.
Für eine Frau: Stellen Sie die Bedürfnisse Ihres Partners am heutigen Tage in den Vordergrund; gibt es keinen Partner oder Herzensmann, so ist der heutige Tag gut geeignet, um von einem Herrn entdeckt zu werden.

29 Dame

Fragestellerin
Lebensgefährtin des Fragestellers
zukünftige Herzensdame
seine Geliebte oder zukünftige Partnerin

Einzelaussage:
Fragestellerin: Stellen Sie sich und Ihre Bedürfnisse in den Vordergrund.
Fragesteller: Lassen Sie die Meinung Ihrer Partnerin gelten und schenken Sie ihren Bedürfnissen mehr Aufmerksamkeit!

Die Karte zeigt uns eine attraktive, selbstbewusste Frau. Mit einem Strauß Blumen in der Hand, züchtig bekleidet mit Kopfputz und feinem Kleid, der Mode des 18. Jahrhunderts entsprechend – eine echte Dame. Damenhaftes, ein wenig antiquiertes Verhalten, wird heutzutage eher belächelt. Frauen sind zunehmend gefordert, in allen Bereichen des Lebens *ihre Frau zu stehen* und können es sich kaum mehr erlauben, gemächlich im Damensattel zum Damenkränzchen zu reiten. Viele sind gewohnt, für ihren Unterhalt selbst zu sorgen und in der Lage, für eigene Bedürfnisse einzustehen. Trotzdem, oder gerade deshalb, schmeichelt es sicher ungemein, als echte *Dame* tituliert zu werden!

Die Karte symbolisiert das Weibliche und den weiblichen Anteil in uns (Anima).

Als Einzelaussage – und bei einer Fragestellerin fordert die *Dame* dazu auf, die eigenen Bedürfnisse ernst zu nehmen und diese auch durchzusetzen. Zieht ein Fragesteller die Karte *Dame*, lautet die Aufforderung, die Belange seiner Partnerin ernst zu nehmen oder aber seiner weiblichen Seite, seiner Anima, mehr Aufmerksamkeit zu schenken oder diese zu entwickeln.

Hintergrundwissen zur Karte: Der Begriff *Dame* (französisch: *dame* = Herrin aus lateinisch: *domina* = Hausherrin) wird heutzutage als höfliche Anrede einer erwachsenen Frau (althochdeutsch: *frouwa* = hohe Frau, Herrin) gebraucht. In früherer Zeit bezog sich der Ausdruck Frau nur auf sozial höherstehende, verheiratete weibliche Personen, während die Vertreterinnen der breiten Masse als *Weiber* bezeichnet wurden. So war demnach schnell zu erkennen, wer einem höheren Stand angehörte. Damen verfügten über größere Macht, da sie finanziell oft besser gestellt waren, entweder weil sie selbst einer vermögenden Familie entstammten oder auf wohlhabende Ehemänner zurückgreifen konnten. Sie waren in der Lage, sich besser zu kleiden, hatten vorwiegend passendere Umgangsformen und verfügten oft über Bildung – im Gegensatz zu den Angehörigen der unteren Klassen. Sie hoben sich dadurch sehr deutlich von ihren Geschlechtsgenossinnen ab. In England wird der Titel *Dame* noch heute ehrenhalber von der Königin verliehen, wie zum Beispiel *Dame* Agatha Christie.

Als Person: Hier ist immer die Fragestellerin selbst gemeint. Handelt es sich um einen Fragesteller, stellt diese Karte seine zukünftige Herzensdame dar oder die Frau, die er liebt.

In den Kombinationen bei der Großen Auslegung zeigt die Karte *Dame,* womit sich die Partnerin gerade beschäftigt, wie sie zu einem steht oder wie es um die Frau bestellt ist, die als Partnerin infrage kommen könnte.

In Haus 29, *Dame,* liegt die Karte, die wir zu unserer Aussage hinzuziehen können.

Charakter: gut ausgeprägte weibliche Seite.

Tageskarte für eine Frau: Stellen Sie heute sich selbst und Ihre Bedürfnisse in den Vordergrund.
Für einen Mann: Stellen Sie heute die Bedürfnisse Ihrer Partnerin in den Vordergrund und kümmern Sie sich um die Dame Ihres Herzens; gibt es keine Partnerin oder Herzensdame, so ist heute ein guter Tag, um von einer Dame entdeckt zu werden.

30 Lilien

Familie

Frieden, Ausgeglichenheit

Sexualität, Schönheit, Anziehung/Chemie

Äther

Einzelaussage: sich seiner Schönheit (Ausstrahlung) bewusst sein
um den inneren Frieden kämpfen

Personen: die Familie

Zeitfaktor: kalte Jahreszeit

Die Karte zeigt einen grünen Zweig mit mehreren weißen Lilienblüten und ein paar Knospen.

Die Karte symbolisiert unter anderem Macht, Reinheit, Schönheit, Sexualität (der betörende Duft der Lilien). Das Weiß der Lilien hat Bezug zum Frieden.

Auf vielen Wappen bedeutender Adelsgeschlechter und weniger bedeutender Sippen findet sich die Lilie wieder. Lilien sind wunderschöne Blumen und nicht nur ihr Duft bezaubert. Deshalb sagt die Karte auch: »Sie haben eine ganz besondere Ausstrahlung.«

Bei nur einer gezogenen Karte, *Lilien,* gilt: »Seien Sie sich Ihrer Ausstrahlung bewusst!«, »kämpfen Sie um Ihren Frieden« oder einfach »ja, er/sie möchte nur das Eine«.

Hintergrundwissen zur Karte: Lilien haben offenbar eine feinstoffliche Funktion, eine ganz besondere Chemie, die Attraktion bewirkt.

Die Kosmetikindustrie scheint diesem Geheimnis auf die Spur gekommen zu sein. Sie setzt schon seit langer Zeit auf die Wirkung pflanzlicher Duftstoffe und mischt diese ihren Produkten bei. Der charakteristische Lilienduft – in natürlicher oder synthetischer Form – wird bei der Herstellung von Parfums und Duftwässern verwendet und kann durchaus sexuell anziehend wirken. Die ätherischen (Äther griechisch: *aither* = obere Luft, oberer Himmel) Öle der Pflanze gelangen dabei durch die Nase als Information ins Gehirn und beeinflussen dort unsere Gefühle.

Aber nicht nur das, denn genauso wie es möglich ist, diese Anziehung über Duftstoffe zu erzielen, kann Sympathie über andere Energieträger entstehen.

Unserer Erfahrung nach wird die Chemie der Lilie aber nicht nur durch Duftstoffe transportiert. Das fünfte Element, die Quintessenz (das Wesentliche, der Wesenskern), auch Äther genannt, ist ebenfalls ein Ausdruck für Energie. Hieraus entstanden die vier Elemente Feuer, Wasser, Erde und Luft. Es verwundert in diesem Zusammenhang also nicht, dass der über den Äther transportierte »Chemieaustausch« auch per Funk bzw. die neuen Medien funktioniert.

In den Kombinationen bei der Großen Auslegung haben wir einige interessante Feststellungen gemacht: Immer wenn die *Lilien* im Haus der Nachrichten *(Brief)* oder in Verbindung mit der Karte *Brief* auftauchten, waren sich zwei Menschen über das Internet oder Handy nähergekommen. Und über die spannende Dreier-Kombination *Lilien* (Sex), *Störche* (Veränderung) und *Kind* (Baby), die eine Schwangerschaft anzeigen kann, haben wir schon berichtet.

Es ist also wichtig, das Umfeld der *Lilien* genauestens zu betrachten.

Als Zeitfaktor steht die Karte *Lilien* für die kalte Jahreszeit, denn die Farbgebung der Karte ist vorwiegend kühl, hauptsächlich weiß, die Farbe des Schnees.

In Haus 30, *Lilien,* liegt die Karte, die wir zu unserer Aussage hinzuziehen können.

Charakter: friedliebend; mag keinen Streit; harmoniebedürftig; sehr anziehendes Wesen; tolle Ausstrahlung; hat Sex-Appeal.

Tageskarte: Heute ist ein geeigneter Tag, um sich und seinem Körper etwas Gutes zu tun; ein harmonischer Tag; ein Tag für die Sinnlichkeit.

31 Sonne

Kreativität

Kraft, Wille

Lebenskraft

Wärme

positive Energie

Einzelaussage: Freude
positive Entwicklung

Zeitfaktor: Sommer

Die Karte zeigt eine strahlende, warme, gelbe Sonne, die uns beinahe zu blenden scheint, so als blickten wir tatsächlich in das gleißende Licht dieses Gestirns.

Die Karte symbolisiert Wärme, gibt uns Lebensenergie und ermutigt zu kreativem Schaffen. Menschen mit einer sonnigen Natur sind positive, optimistische Zeitgenossen, die überall gern gesehen werden. Oft gelten sie als dynamisch, kreativ, erfolgreich oder auch als Lebenskünstler. Nach einem dunklen Winter oder langer Regenzeit spenden Sonnenstrahlen neue Hoffnung, unser Gemüt erhellt sich, die Stimmung steigt. Die Sonne bringt Licht ins Dunkle, übersetzt bedeutet das, Unbewusstes bewusst zu machen. Aus diesem Grund verbinden wir mit der *Sonne* auch das Thema Spiritualität. Sie symbolisiert somit positiv übertragbare Energie.

Bei nur einer gezogenen Karte, *Sonne,* ist der Ausgang einer Angelegenheit als erfreulich zu werten.

Mythologie und Legende: Die Sonne ist für die Existenz auf der Erde von elementarer Bedeutung, denn die Energie ihrer Strahlung ist verantwortlich für unser Klima und somit das Leben selbst. Dieser Umstand war bereits unseren

Vorfahren bekannt. In vielen frühen Kulturen fand sie als Gottheit Verehrung und ihr regelmäßiges Erscheinen wurde sehnsüchtig erwartet. Um dem ein wenig nachzuhelfen, bedienten sich unsere Ahnen kultischer und magischer Rituale. Hatten sie das Pech, eine Sonnenfinsternis zu erleben, war das Zittern erstmal groß.

Unsere cleveren Urväter (und -mütter!) nutzten die Sonne bald als natürliche Uhr, und der sich immer wiederholende Ablauf der Jahreszeiten erlaubte die Entwicklung des Kalenders. Nach Erfindung des Ackerbaus wurde dieser deshalb auch überlebenswichtig, denn mit seiner Hilfe war nun erstmals echtes Timing möglich: Wichtige jahreszeitlich bedingte Ereignisse wie beispielsweise das Eintreffen gefährlicher Stürme, der beste Zeitpunkt zur Aussaat von Samen oder der Wasserstand von Flüssen konnten relativ genau bestimmt werden. In China galt die Sonne unter anderem als Symbol für Osten, Männlichkeit (yang), Geburt und natürlich den Kaiser.

In den Kombinationen bei einer Großen Auslegung sehen wir in Zusammenhang mit der *Sonne,* ob wir uns in einem Stimmungshoch befinden oder ob wir eventuell über energetische Fähigkeiten verfügen und vieles mehr. Es gibt Menschen, denen man nachsagt, sie hätten die Gabe, positive Energie zu übertragen. Um was für eine Form der Energieübertragung es sich dabei handelt, können wir an den umliegenden Karten erkennen. In bestimmter Kombination weist die *Sonne* auch auf einen Energieüberschuss hin, der sich ungünstig auswirken kann, oder auf Überforderung und impliziert die dringende Empfehlung, doch mal wieder Urlaub zu machen, um sich zu erholen.

In Haus 31, *Sonne,* liegt die Karte, die wir zu unserer Aussage hinzuziehen können.

Charakter: sonniges Gemüt; kann viel Energie aufbringen.

Tageskarte: Heute ist ein durch und durch guter Tag; etwas gelingt sehr gut; heute herrscht eitel Sonnenschein; das Beste aus einer Sache machen.

32 Mond

Nerven

Sensitivität

Melancholie

EINZELAUSSAGE: die Nerven schonen

ZEITFAKTOR: Abend, Nacht

DIE KARTE ZEIGT eine schöne Mondsichel bei fast sternenklarem Nachthimmel. Das Mondlicht scheint so hell, dass das Auge noch weit über die Landschaft schweifen kann und zwei einsame Burgen erblickt. Der Mond zeigt sich als Vollmond oder als Sichel und stellt besonders bei klarer Sicht einen wunderschönen Anblick dar. Zeitgleich mit dem angenehmen Gefühl, das sich in uns auszubreiten beginnt, schleicht sich meist aber auch ein Seufzer, ein *A b e r,* in unser Denken.

DIE KARTE MOND SYMBOLISIERT unsere melancholischen Seiten. Der Mond fordert uns auf, unsere Nerven zu schonen und auf diese Rücksicht zu nehmen. Er ist als Zeichen zu verstehen, sich nicht in etwas hineinzusteigern, sondern sich in Gelassenheit zu üben.

Wer kennt das nicht? Man legt sich ins Bett, in der Hoffnung auf einen schönen, erholsamen Schlaf. Pustekuchen, es ist mal wieder Vollmond! Empfindliche Menschen können ein Lied davon singen – wissenschaftlicher Nachweis hin oder her. Es gelingt einfach nicht einzuschlafen. Der helle Mondschein lässt einen – statt zu träumen – ins Grübeln geraten. Wir sehen den Mond und finden einfach keine Ruhe. Etwas zermartert einem den Kopf und zehrt an den Nerven, bis diese blank liegen oder sich eine diffuse Traurigkeit einstellt. Wir beklagen melancholisch die Sinnlosigkeit unseres Daseins und an Schlaf ist nicht mehr zu denken … Warum sollte die Gravitationskraft des Mondes denn nicht auch für unsere menschlichen Gefühlsgezeiten verantwortlich sein, wenn sie selbst den dicken Erdmantel heben und senken kann?

Als Einzelaussage weist uns der *Mond* an, unsere Nerven zu schonen, auf diese Rücksicht zu nehmen. Er ist als Zeichen zu verstehen, sich nicht in etwas hineinzusteigern, sondern sich in Gelassenheit zu üben. Schlaflosigkeit kann man ja auch sehr gut dazu nutzen, über bestimmte Dinge Klarheit zu erlangen …

Hintergrundwissen zur Karte: Die Schwerkraft des Mondes ist für die Gezeiten auf der Erde verantwortlich, zu denen neben Ebbe und Flut auch die Bewegungen des Erdmantels gehören. Schon lange achtet der Mensch darauf, bestimmte Arbeiten in der Natur zum richtigen Zeitpunkt zu erledigen und manch einer richtet sich dabei nach dem Mondkalender. Die Einteilung der Woche in sieben Tage basiert auf den vier Mondphasen zunehmender Mond, Halbmond, Vollmond, abnehmender Mond. Einen wissenschaftlichen Nachweis für den Einfluss des Mondes auf Geburten, Unfälle, Selbstmorde oder Komplikationen bei Operationen gibt es aber bis heute nicht. Und doch verfahren viele Ärzte nach der Regel: »Beschneide nicht mit Eisen das Körperteil, welches dem Tierkreiszeichen zugeordnet ist, durch das der Mond seine Bahn zieht«.

Mythologie und Legende: In vielen Kulturen hat der Mond (lateinisch: *luna)* große Bedeutung erlangt. Meist wird er als weibliche Göttin verehrt, als Luna, Isis, Selene, Artemis oder Hekate. Für die Chinesen galt er als Symbol für Westen und Weiblichkeit (yin).

In den Kombinationen mit anderen Karten kann der *Mond* bei der Großen Auslegung ein Hinweis auf Schlaflosigkeit, Traurigkeit, Depression, aber auch Medialität eines Menschen sein oder auf Rückführungen hinweisen.

Als Zeitfaktor steht der *Mond,* auch wenn er manchmal noch bis in die frühen Morgenstunden zu sehen ist, für den Abend oder die Nacht. Er läutet die Nacht ein und beendet sie, wenn er untergeht.

In Haus 32, *Mond,* liegt die Karte, die wir zu unserer Aussage hinzuziehen können.

Charakter: feinfühlig; verträumt; manchmal melancholisch; eigensinnig; hat schwache Nerven.

Tageskarte: Nehmen Sie die Dinge heute nicht so schwer; schonen Sie heute ihre Nerven.

33 Schlüssel

Sicherheit
mit Sicherheit …
Schlüssel über einer Karte liegend:
Es fällt einem in den Schoß

Einzelaussage: mit Sicherheit …
etwas fällt einem zu
für Sicherheit sorgen
sich ausgeliefert fühlen

Die Karte zeigt einen schön verzierten Schlüssel an einem Band. Es könnte der Schlüssel zu einem Tagebuch sein oder zu einer alten Tür. Der Schlüssel ist unversehrt und funktioniert mit Sicherheit noch hervorragend und – zu jedem Schloss passt ein Schlüssel.

Die Karte symbolisiert Sicherheit und Kontrolle. Der Schlüssel ist ein Objekt zum Öffnen und Schließen eines Schlosses. Das heißt: Wer den passenden Schlüssel hat, besitzt Macht. Der Besitzer des Schlüssels hat Schlüsselgewalt. Etwas kann damit geöffnet oder verschlossen werden.

Warum verschließt man etwas? Möchte man etwas einschließen? Vielleicht ist es wichtig, dass etwas in Sicherheit oder unter Kontrolle ist? Ob es sich dabei um Menschen, Tiere, Gegenstände, Nachrichten oder ein Mittel, um Ziele zu erreichen oder um Probleme zu lösen, handelt, ist nicht so wichtig. Der Schlüssel passt mit Sicherheit ins Schloss. Dies symbolisiert auch die Karte *Schlüssel,* die wir als die Karte der Sicherheit verstehen. Anstelle von *mit Sicherheit* könnten wir auch *zuverlässig* einsetzen. Es geht auch darum, die eigene Sicherheit wiederherzustellen. Wenn dem so ist, macht die Karte deutlich, dass ein anderer den *Schlüssel* hat. Oft ist es nur mit Mühe abzuwenden, was einem da mit Sicherheit zufällt.

Bei nur einer gezogenen Karte, *Schlüssel,* wissen wir nicht, ob die fragende Person ein großes Sicherheitsbedürfnis hat oder nicht. Deshalb gilt als Einzelaussage: »Es ist Ihnen sicher, mit Sicherheit«. Oder die Karte fordert uns auf, einfach mal abzuwarten, was da ganz von allein zu uns kommen möchte, *uns in den Schoß fällt.*

Hintergrundwissen zur Karte: Der Schlüssel im Wappenschild ist sowohl Zeichen der Aufgeschlossenheit als auch Sinnbild für Unzugänglichkeit oder Verschlossenheit. Im Wappen der Hansestadt Bremen spielt der Schlüssel eine ganz besondere Rolle: Er wird als Symbol Petrus' verstanden, dem Schutzpatron des Bremer Doms, und gilt als Himmelsschlüssel, der es ermöglicht, das Himmelreich zu betreten.

Mythologie und Legende: Kennen Sie das Märchen »Der goldene Schlüssel«? Es erzählt von einem kleinen, frierenden Schlittenjungen, der sich in der Kälte am Feuer wärmt. Unter dem Schnee findet er ein winziges, goldenes Schlüsselchen und unter der Erde einen Eisenkasten. Die Geschichte endet mit dem Fazit, dass ihm der Schlüssel förmlich zugefallen ist, dafür brauchte er nichts zu tun. Um sicher zu sein, welche Schätze das Kästchen enthielt, musste er die Schatulle lediglich aufschließen. Deshalb bedeutet die Karte *Schlüssel* auch: »Es fällt Dir zu, Du musst nichts dafür tun!«

In den Kombinationen bei einer Großen Auslegung gilt das *Schlüsselerlebnis* des kleinen Jungen für die Karte, die unter dem *Schlüssel* liegt.

Beispiel: Zuerst ziehen Sie die Karte *Schlüssel,* darunter kommt z. B. die Karte *Anker* (Arbeit) zu liegen. Das bedeutet übersetzt, dass man mit Sicherheit eine Arbeitsstelle bekommt, nach der man möglicherweise nicht einmal gesucht hat. Oder es wird einem eine Menge Arbeit aufgetragen. Will man diese nicht, sollte man alle seine Energien mobilisieren, um diese Entwicklung zu verhindern.

Der *Schlüssel* wird in der Großen Auslegung der Lage nach gedeutet. Wir können hier erkennen, ob eine Person sehr viel Sicherheit braucht, um sich wohlzufühlen oder ob sie davon ausgeht, dass ihr das, was sie braucht, ohne ihr Zutun zufallen wird.

Sollten Sie Angst haben, Ihren Schlüssel zu verlieren, können Sie ja – zur Sicherheit – einen Ersatzschlüssel anschaffen.

In Haus 33, *Schlüssel,* liegt die Karte, die wir zu unserer Aussage hinzuziehen können.

Charakter: starkes Sicherheitsbedürfnis.

Tageskarte: Heute fällt Ihnen etwas zu; etwas geschieht, ohne Ihr Zutun; verschaffen Sie sich Sicherheit.

34 Fische

Geld,
materielle Werte, Besitz
Gefühle
Sensibilität
Hang zum Wasser

Einzelaussage: finanzielle Seite genau prüfen
Emotionen kontrollieren

Die Karte zeigt Fische in offenen, ruhigen Gewässern. In weiter Ferne ist nicht nur für einen der Fische ein Segelboot zu sehen. Vielleicht kennt der Fisch instinktiv das Gefühl, wie es ist, im Netz eines Fischerbootes zu landen.

Die Karte symbolisiert Gefühlsintensität, Zurückhaltung, Sensibilität, ein gelegentliches Abtauchen in fremde Welten, Verträumtheit und den Hang zum Wasser. Und so wie das Wasser können auch unsere Gefühle sein: einmal ruhig wie ein stiller, klarer Bergsee, dann wieder heftig wie ein vom Sturm aufgewühltes Meer mit hohen Wellen. Wir ordnen der Karte deshalb auch die Gefühlswelt zu. Die Karte *Fische* symbolisiert außerdem die Finanzen, Geld, materielle Werte und Besitz. Die Finanzen zu prüfen, könnte bei spezifischer Frage auch gemeint sein.

Bei nur einer gezogenen Karte, *Fische,* lautet die Einzelaussage: »Kontrollieren Sie Ihre Emotionen. Jammern und Selbstmitleid nützen momentan gar nichts. Kommen Sie wieder in die Realität zurück und bleiben Sie sachlich!«

Hintergrundwissen zur Karte: Schon im alten Ägypten war Fischfang ein eigener Gewerbezweig, mit dem reger Handel getrieben wurde. In China schreibt man dem Fisch Stichworte wie Überfluss, Wohlstand und Reichtum zu. Auch wir schließen uns dieser Deutung an. Dieser manchmal nicht fassbare und schillernde Meeresbewohner Fisch gründelt in der Tiefe der Gewässer, im Verborgenen, und wir versuchen ihn zu fangen, weil er uns Nahrung oder sogar Reichtum verspricht. Einem alten Brauch zufolge soll sich derjenige ständigen Reichtums erfreuen, der stets eine Karpfenschuppe in der Geldbörse mit sich führt.

Der Fisch wird archetypisch und tiefenpsychologisch auch als Symbol für die verborgene Wahrheit gedeutet, die es ans Licht zu holen gilt. Reich ist der, der die Wahrheit besitzt.

Mythologie und Legende: Das Christentum verwendet den Fisch als Symbol für den mitfühlenden und opferbereiten Jesus Christus. Dies wird hergeleitet von den Buchstaben des Wortes *Ichtys* (griechisch für Fisch): J(esus) Ch(ristos) T(heou) Y(ios) S(oter), was auf Deutsch heißt »Jesus Christus, Gottes Sohn, der Erlöser«.

In den Kombinationen bei der Großen Auslegung erkennen wir, ob ein Mensch fähig ist, tiefe Gefühle zu entwickeln, ob er vielleicht gerade *sehr nahe am Wasser gebaut hat* (was so viel bedeutet wie »bei jeder Kleinigkeit in Tränen auszubrechen«), zu Depressionen neigt, möglicherweise sogar ein Alkoholproblem hat oder eine hohe Opferbereitschaft entwickelt hat. Es gibt natürlich Situationen, in denen es sehr wichtig ist, Gefühle zuzulassen. Und auch die Fähigkeit Opfer bringen zu können, ist eine Gabe.

Bei spezifischen Fragen zu wirtschaftlichen/beruflichen Belangen gilt die Empfehlung, die finanzielle Seite genau zu überprüfen!

In Haus 34, *Fische,* liegt die Karte, die wir zu unserer Aussage hinzuziehen können.

Charakter: emotional; sehr gefühlsbetont; nahe am Wasser gebaut; wirkt manchmal nicht ganz greifbar.

Tageskarte: Versuchen Sie die Dinge heute sachlich zu betrachten; Gefühlsausbrüche vermeiden.

35 Anker

Beruf, Schule
Organisation
Eisen
festhalten
Ballast

EINZELAUSSAGE: lernen loszulassen
berufliche Interessen in den Vordergrund stellen

DIE KARTE ZEIGT einen großen, soliden Anker, vermutlich aus Eisen geformt, der so schwer zu sein scheint, dass ihn ein einzelner Mensch nicht von der Stelle bewegen kann. Er ist mit einer schweren, groben Kette am Schiff festgemacht.

Um anzuhalten, wird der Anker zwar geworfen, doch geht es darum, ihn auch wieder zu lichten, wenn man sich auf die Fahrt begeben möchte.

SO SYMBOLISIERT DIE KARTE das Binden und Lösen, ausgedrückt zum einen durch das Festmachen an Land (Anker wird geworfen), um zu arbeiten, und zum anderen durch das anschließende Loslassen (Anker wird gelichtet).

BEI DIREKTEN FRAGEN NACH DEM JOB ist die Antwort der Karte ganz klar: »Stellen Sie die beruflichen Interessen in den Vordergrund« oder »stürzen Sie sich in die Arbeit, das ist jetzt wichtig!«

Was für Erwachsene die Arbeit bedeutet, heißt für Kinder Schule oder Ausbildung. Es erfordert Disziplin pünktlich zu erscheinen, fleißig zu lernen, Klausuren zu schreiben, sich Prüfungen zu unterziehen, Pausen nur zu bestimmten Zeiten machen zu dürfen. Von Erwachsenen und Kindern wird erwartet, regelmäßig ihr Bestes zu geben – oder noch mehr!

Bei nur einer gezogenen Karte, *Anker,* und ohne direkte Frage nach der Arbeit, beschränken wir uns auf die Aussage: »Lernen Sie loszulassen«. Jeder kennt die Situation, in der man an nichts anderes mehr denken kann, als an eine bestimmte Sache, die einen gerade beschäftigt. Die Karte *Anker* bedeutet also nicht, etwas »fallen zu lassen«, oder »ganz aufzugeben«, sondern es geht vielmehr darum, emotional loszulassen, sich aus einem festgefahrenen Gedankenmuster zu lösen.

Hintergrundwissen zur Karte: Einige Städtewappen sind mit Ankern geschmückt: Ein Hinweis darauf, dass Seefahrt und/oder Schiffsverkehr einen Erwerbszweig dieser Stadt ausmachten oder noch immer darstellen. *Ankern* oder *vor Anker gehen* bedeutet, dass hier vorübergehend oder längerfristig angehalten wird. Da es sich bei der Seefahrerei um einen der ältesten und weit verbreitetsten Berufszweige handelt und sich hieraus die unterschiedlichsten Berufsbilder ableiten konnten, ist davon auszugehen, dass so die Verbindung zu den Themen Arbeit und Beruf entstehen konnte.

Das Stichwort Organisation steht vermutlich in Zusammenhang mit den zunächst zunftmäßig organisierten Handwerkern und der späteren Entstehung des Freimaurerbundes, der aus der Bruderschaft der Steinmetze und deren Bauhütten hervorgegangen sein soll. Wer als Meister arbeiten will, muss seine Ausbildung zunächst als Lehrling beginnen. Die drei Grade der Freimaurerei heißen Lehrling, Geselle und Meister und stellen die inneren Entwicklungsstufen eines Freimaurers dar.

In den Kombinationen bei der Großen Auslegung können wir am *Anker* und den umliegenden Karten feststellen, wie es um das Berufsleben bestellt ist. Es ist zu erkennen, ob jemand Arbeit hat, ob eventuell ein Arbeitsvertrag zustande kommt, wie das Verhältnis zur Arbeit im Allgemeinen ist, und womit die betreffende Person ihr Geld verdient. Drohende Arbeitslosigkeit oder eine Neuanstellung sind im Deck gut zu sehen, aber auch, ob jemand dazu neigt zu klammern und nur schwer loslassen kann.

Ebenso ist auszumachen, ob ein Mensch Schwierigkeiten hat, sich fest einzulassen, sich zu *verankern* oder ob er *vor Anker gehen* will und sich fest einlassen möchte.

Auch Situationen, die total »verkettet« scheinen, verraten uns die Kombinationen.

In Haus 35, *Anker,* liegt die Karte, die wir zu unserer Aussage hinzuziehen können.

Charakter: kann schwer loslassen; sehr fleißig.

Tageskarte: Nicht überflüssigerweise an etwas festhalten; es könnte ein arbeitsreicher Tag werden.

36 Kreuz

Schicksal
sich gebeutelt fühlen

Einzelaussage: Lernaufgabe
das eigene Schicksal in die Hand nehmen

Die Karte zeigt ein Kreuz (lateinisch: *crux*). Die zwei sich überschneidenden Achsen stellen zugleich Kreuzigung, Tod und Auferstehung von Jesus Christus dar.

Die Karte symbolisiert das religiöse Sinnbild des Christentums. Sie zeigt uns, dass auch wir ein *Kreuz* zu tragen haben, wenn uns schwierige Lebensumstände in die Knie zwingen, und wir an der Last zu zerbrechen drohen. Meist bringen wir dieses Symbol mit Umständen in Verbindung, die sich unserem Einfluss zu entziehen scheinen, die uns womöglich von höherer Hand als Strafe auferlegt wurden. Wir fühlen uns dem Schicksal hoffnungslos ausgeliefert und erflehen göttliche Hilfe.

Hintergrundwissen zur Karte: In den ältesten Kulturen und Religionen der Welt verkörpert das Kreuz das menschliche Leben und Schicksal, das Glück, das Universum, die Fruchtbarkeit, die Jahreszeiten, die Sonne. So assoziierten frühe Zivilisationen mit dem griechischen Kreuz die vier Elemente der Schöpfung (Feuer, Wasser, Erde, Luft) als Zeichen von Beständigkeit und Unzerstörbarkeit. Der Hinduismus bringt mit dem Kreuzsymbol die Begriffe Nacht, Magie und die Göttin der Zerstörung, Kali, in Verbindung. Im Buddhismus bedeutet es Verzicht und Entsagung.

Das keltische Kreuz ist mit einem Kreis versehen und hat seinen Ursprung vermutlich im 3. – 5. Jahrhundert in Irland. Als einprägsames Zeichen symbolisiert das Kreuz eine Brücke zu anderen Welten, zu größerer Weisheit. Die vertikale Achse repräsentiert dabei die spirituelle, die horizontale die physische Welt (siehe Kapitel 8).

Katholische Christen bekreuzigen sich, um ihren Glauben zu bekennen und bei Prozessionen werden Kreuze getragen. Das Kreuz dient als Schmuck und findet in vielen Kulturen Bedeutung in Malerei, Keramik, Bildhauerei ...

Bei nur einer gezogenen Karte, *Kreuz,* soll man das zugrunde liegende Thema jetzt in Angriff nehmen. Möglicherweise bekommt man sogar die Chance, den eigenen Weg neu zu koordinieren! Dieser Weg wird sicher nicht leicht sein, aber die Freude darüber, dass man sein *Schicksal* selbst bestimmen und verändern kann, sollte einem diese Krux ein bisschen erleichtern. Es ist eben *nicht* alles Schicksal!

Manche Kartendeuter/innen sprechen in Zusammenhang mit *Schicksal* von *Karma*. Wir hingegen sind der Meinung, dass »jeder seines Glückes Schmied ist«, d. h. sein Schicksal jederzeit weitgehend selbst gestalten kann und sollte. Eine Diskussion hierüber würde aber den Rahmen dieses Buches sprengen. Deswegen sei nur kurz darauf hingewiesen: Jeder, der sich mit dem Thema Karma wirklich auskennt, genießt unsere vollste Hochachtung und unseren Respekt. Man sollte gerade damit sehr vorsichtig umgehen und sich nicht zu Schnellschüssen bei der Deutung hinreißen lassen, denn wie man hört und liest, ist schlechtes Karma schnell gemacht und Unwissen schützt vor Strafe nicht.

Schicksal heißt für uns: Hier gilt es eine Aufgabe zu bewältigen, um daraus fürs Leben zu lernen, gemäß dem Motto: »Der Weg ist das Ziel.«

In den Kombinationen wird die Karte bei einer Großen Auslegung folgendermaßen gelesen:

✧ Was unter dem *Kreuz* liegt, ist als die Aufgabe zu verstehen, die den Fragesteller erwartet. Gleichzeitig sagt uns die entsprechende Karte, wie in dieser Situation zu handeln ist. Geht uns das, was uns da erwartet, gegen den Strich, so müssen wir die Ärmel hochkrempeln und dagegen angehen.
  Selbstverständlich kann es sich bei der zu bewältigenden Aufgabe auch um eine Person handeln, mit der wir etwas zu lösen haben.

- Das *Kreuz* liegt als Verstärker für die Folgekarte.
- Liegt das *Kreuz* hinter einer Karte, schließt es das Thema ab.

In Haus 36, *Kreuz,* liegt die Karte, die wir zu unserer Aussage hinzuziehen können.

Charakter: fühlt sich vom Schicksal gebeutelt; sieht sich im Fadenkreuz stehen; sehr tapfer.

Tageskarte: Gestalten Sie den heutigen Tag und nehmen Sie die anstehenden Aufgaben an – es lohnt sich!

Kartenlegen ist …

… die Freude am Erkennen!

Kartenlegen
ist kein
Ratespiel!

Stellen Sie
sich vor,
Sie haben die
Chance mehr
Selbsterkenntnis
zu erlangen und
andere Menschen
und deren
Handlungsweisen
auf einmal besser
verstehen zu
können.

Die Personenkarten

Kartenlegen ist kein Ratespiel – dies gilt auch für die im Spiel enthaltenen Personenkarten. Um sicher sein zu können, welche Personen denn nun im Blatt wirklich gemeint sind, sollten Sie sich auf folgende Karten beschränken:

Die Karte *Herr* bezieht sich immer auf den Fragesteller selbst, also die männliche Hauptperson. Bei einer Fragestellerin ist damit stets der Herzensmann, also der Mann, den sie liebt, gemeint. Es ist egal, ob sie mit ihm verheiratet ist, zusammenlebt oder nicht. Es kann sich dabei auch um ihren Geliebten oder ihren möglichen zukünftigen Partner handeln.

Die Karte *Dame* verkörpert immer die Fragestellerin selbst, die weibliche Hauptperson. Handelt es sich um einen Fragesteller, ist mit der *Dame* seine geliebte Herzensdame gemeint, mit der er nicht verheiratet zu sein braucht oder zusammenleben muss. Es kann sich dahinter auch seine Geliebte oder seine mögliche zukünftige Partnerin verbergen.

Im Rücken der Hauptpersonenkarte liegen die Dinge, denen der Fragesteller den Rücken zugewandt hat. Dies betrifft alles, was er als erledigt betrachtet. Ob es das auch tatsächlich ist, bleibt auszuprobieren. Meist sind dies auch charaktertypische Eigenschaften, die ihm momentan nicht so bewusst sind.

Blicken sich die beiden Hauptpersonen direkt in die Augen, das heißt, liegt zwischen ihnen keine weitere Karte, dann haben sie sich momentan nicht viel zu sagen, was nicht gerade beziehungsfördernd ist, es sei denn, beide werden von Karten umrahmt, die etwas anderes anzeigen. In diesem Falle versteht man sich eventuell sogar wortlos, und es herrscht totale Übereinstimmung. Diejenige Personenkarte, die über der anderen steht, dominiert die darunterliegende. Diagonal darüberliegend zeigt sie an, wer in der Beziehung das Sagen hat. Kehren sie sich den Rücken zu, so ist eine vorübergehende Ruhepause in der Beziehung eingetreten. Das heißt, dass jeder momentan eher seinen eigenen Belangen nachgeht, was schließlich so weit führen kann, dass sie sich zu sehr voneinander entfernen und ihr Zugehörigkeitsgefühl verlieren.

Die Karte *Schlange* kann für jede andere Frau als die Fragestellerin erscheinen (beispielsweise die Exfrau, eine Freundin, Geliebte, Tochter, Schwester, zukünftige Partnerin), ***der Bär*** **stellt immer eine männliche Person dar** (z. B. den Exmann, Chef, neuen Partner, in Kombination mit den *Ruten* eine ratgebende Person, eventuell einen Rechtsanwalt). ***Bär*** und ***Schlange*** **können ein Pärchen** sein oder in einer bestimmten Kombination die Eltern versinnbildlichen. **Die persönliche Kindheit oder das eigene Kind,** sofern es das Pubertätsalter noch nicht überschritten hat, wird durch die **Karte *Kind*** symbolisiert. Der ***Hund*** **weist generell auf den Freundeskreis hin** oder auf männliche Personen, wie z. B. den Bruder oder den ältesten Sohn. **Die Familie** wird traditionell und erfahrungsgemäß durch die Karte ***Lilien*** repräsentiert.

Zwischen den Karten *Schlange* (weibliche Person) **und *Turm*** (Oberhaupt) befinden sich alle Informationen, die die **Mutter** betreffen, da die Mutter für das Kind meist das Oberhaupt darstellt. **Die Karten, die zwischen dem *Bären*** (männliche Person) **und dem *Turm*** (Oberhaupt) liegen, zeigen uns folglich alles, was wir über den **Vater** erfahren möchten.

Den Schwiegervater beschreiben die Karten zwischen *Hund* (männlicher Freund) **und *Turm*, die Schwiegermutter** gibt sich traditionell in den **Karten zwischen *Fuchs*** (falsch) und ***Turm*** zu erkennen. Selbstverständlich sind Schwiegermütter nicht generell als falsch zu bezeichnen, aber das Verhältnis von Mutter und Sohn ist für manche Schwiegertochter nicht immer gut nachzuvollziehen und beeinflusst oft auch die Beziehung zwischen Ehefrau und Mutter des Mannes. Diese Karten beleuchtet man aber auch nur dann, wenn das Thema ein bedeutsames Problem für den Fragesteller darstellt. Wird also spezifisch danach gefragt, sollte man natürlich auf die Problematik eingehen.

Eine Damengruppe versteckt sich hinter der Karte ***Blumen.*** Wenn diese vorher als einzelne Person festgelegt wird, könnte es sich z.B. auch um eine Tante, Bekannte oder jede andere kreative und höfliche Frau handeln.

Kollegen werden durch die entsprechende Personenkarte in Kombination mit dem ***Anker***, der den Berufsbereich repräsentiert, gedeutet.

Viele Fragende interessiert mit Sicherheit auch, wie man den eigenen Chef oder die Chefin in den Karten erkennen kann. Wir unterscheiden dabei erst einmal, ob es sich um eine männliche ***(Bär)*** oder weibliche Person ***(Schlange)*** handelt, welche mit der Karte ***Anker*** (Arbeit) verbunden ist. Wie ein Chef geartet ist, erkennen wir in vielerlei möglichen Kombinationen. Hier ein paar Beispiele:

Die Verbindung ***Bär + Turm*** oder ***Schlange + Turm*** kennzeichnet einen sehr dominanten Chef, der auffallend rigoros und streng auf seine eigenen Belange achtet. Man findet diese Kombination häufig, wenn ein Vorgesetzter in der Unternehmenshierarchie sehr weit oben anzutreffen ist. Natürlich muss es sich dabei keineswegs um einen Menschen handeln, der über Leichen geht, aber seine Position erwartet von ihm große Durchsetzungs- und Entscheidungsfähigkeit, die ihn für seinen beruflichen Standpunkt geradezu prädestiniert. Dieser Vorgesetzte arbeitet großenteils nicht ständig mit seinen Mitarbeitern am selben Ort. Meist bekommt man ihn recht selten zu Gesicht. Dargestellt werden durch diese Kartenkombination beispielsweise Betriebsleiter, Direktoren, Geschäftsführer, Inhaber und dergleichen mehr.

Die Kombination ***Bär + Berg*** oder ***Schlange + Berg*** hingegen symbolisiert einen Chef bzw. Vorgesetzten, mit dem nicht gut Kirschen essen ist. Eine Person, die schlichtweg stur ist und handelt und ihre »Untergebenen« mit ihrer schlechten Laune regelrecht traktieren kann. So ein Mensch beharrt auf seinen Vorstellungen und ist kaum zu bewegen, eine andere Meinung als die eigene gelten zu lassen. Sein Wort ist Gesetz und als solches strikt zu befolgen. Möchte man etwa nach einer Gehaltserhöhung fragen, sollte man in den Karten schauen, ob der Zeitpunkt dafür günstig ist. Liegt der *Berg* an der Personenkarte, empfiehlt es sich besser einen anderen Termin zu wählen. Zu einer anderen Zeit kann derselbe Mensch durchaus milder gestimmt sein …

Eine weitere Kombinationsmöglichkeit, den CHEF darzustellen, leitet sich von der Verbindung ***Bär + Hund*** oder ***Schlange + Hund*** ab. Hier werden Menschen dargestellt, die ein eher kollegiales, ja fast freundschaftliches Verhalten zu ihren Mitarbeitern pflegen. Diese Chefs sind meist beliebt und beharren kaum auf der Einhaltung hierarchischer Strukturen innerhalb des Unternehmens. Ihnen sind ein gutes Betriebsklima und ein faires Miteinander wichtig. Was natürlich nicht bedeutet, dass man ihnen deshalb auf der Nase herumtanzen kann.

Natürlich können auch mehrere Eigenschaften auf eine Person zutreffen. Ein Mensch kann folglich sowohl dominant als auch kollegial sein. Dies zu ermitteln hilft uns das Große Deck oder beispielsweise die Charakterlegung.

»Und was ist mit dem ***Reiter?***«, werden sicherlich einige einwenden. Nichts! Der *Reiter* stellt für uns die Karte der Gedanken, positiven Entwicklungen oder Ankünfte dar.

Uns ist es einfach wichtiger, zu beraten und zu helfen, statt zu analysieren, wie viele Personen denn nun im Leben der Fragestellerin auftauchen, oder ob sie drei oder vier neue Männer trifft, bevor sie die Aufgaben mit der männlichen Hauptperson ihres Lebens erledigt hat.

Viel interessanter ist es, sich mit den Eigenschaften der einzelnen Karten zu beschäftigen, um eine Beratung bieten zu können, mit der sich der Fragesteller auseinandersetzen kann und die ihm im besten Falle zu größerer persönlicher Reife verhilft.

Das ist effektiver, als dem Hilfesuchenden atemberaubende Prophezeiungen zu machen, die möglicherweise gar nicht eintreffen können, weil sie oder er nur noch auf das wahrgesagte Ereignis hofft und in einer Warteposition verharrt oder an der Vorhersage sogar völlig verzweifelt und auf eigene Entscheidungen gänzlich verzichtet.

Natürlich bleibt es jedem Einzelnen selbst überlassen, welche Karten er noch als zusätzliche Personenkarten definieren möchte. Dies sollte der Berater allerdings vor der Deutung festlegen. Interessant dabei ist auch, in welchem Haus die entsprechende Personenkarte liegt und welche Karten sie umrahmen. Um ganz sicherzugehen, legt man am besten noch einmal extra auf die entsprechende Person zum Beispiel ein Keltisches Kreuz.

Aus unserer Praxis wissen wir, dass natürlich auch homosexuelle Männer und Frauen an Beratungen interessiert sind. Wie erkennt man gleichgeschlechtliche Partner in den Karten, wenn als Hauptpersonenkarten nur die *Dame* und der *Herr* existieren? Genauso wenig wie aus einer Sternenkonstellation der Astrologie kann man Homosexualität aus den Karten lesen. Raten und dabei vielleicht ziemlich danebenzugreifen, möchten wir unter allen Umständen vermeiden. Und verletzen wollen wir selbstverständlich auch niemanden. Also fragen wir doch einfach den Ratsuchenden, ob es sich um eine Partnerin oder einen Partner handelt. Dann empfiehlt sich folgende Vorgehensweise:

Vor der Legung wird festgelegt, dass der gleichgeschlechtliche Partner des Fragestellers automatisch durch den gegengeschlechtlichen Part dargestellt wird, oder Sie verwenden ein vorbereitetes zweites Deck, bei dem Sie die Hauptpersonenkarten beispielsweise einfach farbig übermalen und diese Karten mit den gegengeschlechtlichen Karten im ersten Deck austauschen. Das könnte so aussehen:

Herr + rosa *Herr* = zwei Männer
Bär + rosa *Bär* = zwei Männer

Dame + blaue *Dame* = zwei Frauen
Schlange + blaue Schlange = zwei Frauen

Ihrer Phantasie sind in kreativer Hinsicht eigene Karten zu gestalten, natürlich keine Grenzen gesetzt!

Kartenlegen ist …
… zusätzliche Information.

Kartenlegen
heißt
alle Möglichkeiten
auszuschöpfen.

Stellen Sie
sich vor,
Sie können
sich schon bald
in jede
erdenkliche
Situation
hineinversetzen.

Die Häuser und ihre Bedeutung

Jeder der 36 Lenormandkarten gehört ein sogenanntes Haus. Die Häuser sind, genau wie die Karten, von 1 bis 36 durchnummeriert und entsprechen der Einzelaussage der dazugehörigen Karte. Die Position des Hauses, in welchem eine Karte liegt, gibt uns also zusätzliche Informationen über die Situation des Fragestellers, weil wir ja jetzt schon wissen, wie die Einzelaussage jeder Karte lautet.

Beispiel: Karte 1 *Reiter,* Haus 1 *Reiter.*

Haus 1 ist somit das Haus der Gedanken, das uns zeigt, was uns gedanklich bewegt, was uns motiviert, und es gilt als das Haus des Fortschritts. Liegt nun im Haus des *Reiters* (Position 1) der *Ring,* so können wir davon ausgehen, dass der Fragesteller über eine Bindung oder einen Vertrag nachdenkt. Da die Karte auch für Fortschritt steht, können wir damit rechnen, dass sich die Dinge positiv entwickeln werden.

Wenn Sie also die Einzelaussagen und Bedeutungen der Karten schon gut beherrschen, ist das eine enorme Hilfe bei der Deutung des Großen Decks, denn man erhält damit wichtige Zusatzinformationen, um einen Umstand noch besser beleuchten zu können. Dies kann sehr hilfreich sein, wenn wir dem Ratsuchenden aufzeigen, was dieser noch nicht selbst erkennen kann. Dadurch ist es dem Menschen natürlich auch möglich, eine Entwicklungstendenz besser verstehen zu können.

Auf Seite 283 ist eine Häusertafel abgebildet, die Sie kopieren können, um sie gleich griffbereit zu haben, wenn Sie das Große Deck auslegen. Kleiner Tipp aus der Praxis: Wenn man die Kopievorlagen im Anhang kopiert und anschließend laminiert, hat man diese Übersicht immer zur Hand, wenn man sie benötigt.

Kartenlegen ist …
ein praktisches Handwerk.

Kartenlegen heißt effektive Hilfe und guten Rat zu vermitteln, – aber auch anzunehmen.

Stellen Sie sich vor, Sie können mit Hilfe dieses Buches täglich dazulernen.

Praktische Anleitung zum Erlernen des Kartenlegens

Wie geht man vor, wenn man für sich selbst oder einen anderen Menschen die Karten legen möchte?

- **Man erwirbt 2 Kartendecks** (eines für die Legung, eines für Zusatzlegungen) der Mademoiselle Lenormand. Damit man beim Legen nicht durcheinanderkommt, empfiehlt es sich, zwei Decks mit verschiedenfarbigen Rückseiten zu wählen (z.B. Rote und Weiße Eule). Die Symbolik auf der Vorderseite der Karten ist, bis auf einige farbliche Unterschiede, gleich.
- **Man lernt die Einzelaussagen** der Karten, die als Stichworte angegeben sind (diese sind wirklich im Schlaf zu beherrschen).
- **Man macht sich mit dem Symbolgehalt,** dem Hintergrundwissen und der Mythologie und Legende zu jeder einzelnen Karte vertraut (auch dies sollte eingehend studiert werden).
- **Man übt** durch das Ziehen einer Tageskarte.

Wenn Sie sich angewöhnen, morgens eine Karte zu ziehen und am Abend mit dem Tagesgeschehen zu vergleichen, haben Sie schon ziemlich bald ein Repertoire mit ganz eigenen Bedeutungen gesammelt, das Ihnen beim Beraten eine unschätzbare Hilfe sein wird. Hier können Sie dann eigene Erfahrungen mit den feststehenden Bedeutungen der Karten kombinieren und ganz individuelle Aussagen treffen! Mit etwas zusätzlicher Intuition werden Sie sicherlich sehr schnell sehr viel erkennen können.

Kartenlegen ist …

… Situationsanalyse.

Kartenlegen bedeutet Informationen aus einem Kartenbild herauszulesen.

Stellen Sie sich vor, Sie machen schnelle und sichere Fortschritte bei der Analyse einer Kartenauslage.

Die Einzelaussagen der Karten und die Bedeutung der Kleinen Legungen

Es ist wirklich ein Phänomen – jeder Kartenneuling möchte so schnell wie möglich das Große bunte Blatt vor sich deuten.

Rauchwolken … Da liegt etwas mit *Sarg* und *Sense* … Schreck lass' nach! Ist das nun ein Mann oder doch nicht? Oder – oh je, da liegt die *Schlange* … Hat er vielleicht eine Andere? Dass er noch immer »lernormandfrei« ist, merkt der Anfänger spätestens dann, wenn er völlig verwirrt und verunsichert die 36 Karten vor sich auf dem Tisch zusammenschiebt und das ganze Thema wieder einmal vertagt, weil er doch starke Zweifel hat, ob er jemals in der Lage sein wird, die Karten richtig und sicher zu deuten. Oder er beruhigt sich damit, sich einzureden, die Frage nicht richtig formuliert zu haben oder einfach zu unkonzentriert an die Sache herangegangen zu sein.

Kann man natürlich so machen, muss man aber nicht! Viel einfacher ist es, die Geschichte anders anzugehen, was zugegebenermaßen ein wenig Geduld erfordert. Allerdings ist es mit dieser Herangehensweise schon nach relativ kurzer Zeit möglich, erste erstaunliche Erfolge zu erzielen, weil mit einer Situationsanalyse begonnen wird, bevor wir die Tendenz eines Themas deuten.

Hierzu ist es wichtig, zunächst die Einzelaussage jeder Karte aus dem Effeff zu können. Wie neue Vokabeln. Wenn diese gut beherrscht werden, ist es einfacher Kombinationen einzelner Karten zu verstehen und eben durch dieses Verständnis zu deuten. Warum?

Manchmal sind keine eindeutigen Kombinationen zu erkennen, und wie gesagt, es gibt keine Intuition ohne inneres Wissen. Hier helfen uns dann die Kleinen Legungen und später zusätzlich die Häuserpositionen des Großen Blatts.

Die Einzelaussagen der Karten werden fast ausschließlich bei den Kleinen Legungen benutzt. Die Legesysteme also, bei denen nicht alle 36 Lenormandkarten zur Anwendung kommen.

Zu diesen zählen:

Die Charakteranalyse (1 Personenkarte + 8 Karten)
Die 8 Karten erzählen etwas über die Eigenschaften, die eine Person ausmachen.

Die Dreier-Legung (3 Karten)
Vergangenheit, Gegenwart und Zukunft werden mit dieser Legeart erkannt. Die Einzelaussagen der Karten geben darüber Auskunft.

Das Keltische Kreuz (10 Karten)
gibt den zeitlichen Verlauf sowie das zu erwartende Ergebnis einer Situation an.

Wir bleiben eindeutig dabei: **Jede Karte wird auf ihrer Position mit ihrer Einzelaussage gedeutet!!!** Die Kombinationen bleiben *hier* unberücksichtigt.

Mit diesen Legungen sollten Sie auch beginnen, damit Sie schnelle und sichere Fortschritte machen. Die Kleinen Legungen werden übrigens nur wegen der Anzahl der verwendeten Karten *klein* genannt, nicht wegen ihrer Aussagekraft. Im Gegenteil, mit allen, und insbesondere mit dem Keltischen Kreuz, sollten spezifische Fragen gestellt werden. Um sicher zu sein, was die Karten bedeuten: Bleiben Sie bei den ***Einzelaussagen.*** Auf diese Art wird kein Zweifel aufkommen, was die Karte sonst noch aussagen könnte.

Leider arbeiten die meisten Kartenleger wenig oder gar nicht mit den Kleinen Legungen.

Schade, denn gerade das Keltische Kreuz bietet in einer unklaren Decksituation genaue Auskunft, weil es keinen Zweifel aufkommen lässt, was eine Karte aktuell bedeutet.

Deshalb legen wir so großen Wert auf das perfekte Beherrschen der Einzelaussagen jeder Karte.

Charakteranalyse

Manche Lenormandbücher erklären, wie Sternzeichen von Personen im Großen Deck zu erkennen sind, indem diesen dann ein typischer Charakterzug zugeordnet wird.

Unserer Ansicht nach sind Tierkreiszeichen im Kartenbild nicht erkennbar, wohl aber, ähnlich wie in der Astrologie, Anlagen, die zum Teil einem Tierkreiszeichen entsprechen, die dem Menschen mitgegeben wurden oder die jemand *zurzeit* lebt. Durch Erfahrungen und Umstände entwickeln sich die Menschen und zeigen Verhaltensweisen, die für den Einzelnen selbst manchmal schwer zu verstehen sind. Die Karten können so dem Fragenden zu mehr Selbsterkenntnis verhelfen oder ihm das Verhalten seines Gegenübers näherbringen. Hierbei kann die Analyse des Charakters einer Person sehr nützlich sein.

Bei der Charakterstudie eines Menschen werten wir die Karten aus, die direkt um die Personenkarte herum liegen, das heißt, die diese direkt berühren. In der Regel sind es acht Karten. Befindet sich die Personenkarte am Rand des Decks, beziehen wir uns auf die restlichen Karten, die direkt an sie grenzen.

Eine gesonderte Charakteranalyse kann durchgeführt werden, indem die entsprechende Personenkarte allein ausgelegt wird, man acht Karten zieht und diese um die Personenkarte herum platziert. Die Reihenfolge der Auslage ist dabei egal, denn die Deutung der Karten erfolgt nach der weiter unten beschriebenen Methode. Hat man sich aber einmal für ein Auslegesystem entschieden, sollte es immer dasselbe sein. Wir haben folgende Legemethode gewählt:

5	2	6
1	PK	3
8	4	7

Zur Analyse verbinden wir die sogenannten Anlagen nach Sinn und Verstand. Es ist durchaus nicht ungewöhnlich, dass der Fragesteller über sehr gegensätzliche Charakterzüge verfügt. Kaum jemand kann all seine Anlagen gleichzeitig leben! Situationsbedingt oder je nach persönlichem Reifegrad, zeigen sich einzelne Charaktermerkmale mehr oder weniger ausgeprägt.

Auch hier arbeiten wir, wie bei allen *Kleinen Legungen,* mit den ***Einzelaussagen!*** Wir differenzieren bei der Deutung zwischen den Karten, die oberhalb, vor, im Rücken und unterhalb der Personenkarte liegen. Die Karten oberhalb und vor der Personenkarte geben hierbei Aufschluss darüber, was den Menschen momentan besonders beschäftigt oder warum er sich zurzeit gerade so verhält.

1. Schritt

Es ist am sinnvollsten mit der Karte die Analyse zu beginnen, die den Menschen gerade am stärksten beschäftigt. Deshalb deuten wir zuerst die Karte, die direkt ***über*** der Personenkarte liegt, die ***Kopfkarte.*** Sie weist darauf hin, welche Eigenschaft derzeit besonders stark wahrgenommen wird, uns durch den Kopf geht. Die Karten, die rechts und links davon liegen, beeinflussen den Fragesteller momentan zusätzlich.

2. Schritt

Vor der Personenkarte liegt die Karte, die zeigt, wie der Mensch sich derzeit verhält.

3. Schritt

Die Karte, die im ***Rücken der Person*** auftaucht, verrät, welche Eigenschaft momentan nicht bewusst ist oder sogar verdrängt wird.

4. Schritt

Zu Füßen, also ***unter*** der Personenkarte liegt die Karte, die zeigt, was der Mensch zurzeit nicht leben kann oder will. Rechts und links davon finden wir die Karten, die darauf noch zusätzlichen Einfluss haben, aber die Person nicht so stark beherrschen, wie die Kopfkarten oder die Karte vor der Personenkarte.

5. Schritt

Hier könnte eine abschließende Interpretation und Beratung ansetzen.

Beispiel:

4 Haus	17 Störche	27 Brief
34 Fische	29 Dame	10 Sense
33 Schlüssel	6 Wolken	7 Schlange

1. Schritt: Bewusstsein

Das *Haus* zeigt einen Menschen, dem Werte und eine gute verlässliche Basis wichtig sind, der ein Sicherheitsbedürfnis hat und nicht planlos auf Sand baut.

Der *Brief* hingegen deutet auf ein ausgeprägtes inneres Kind hin, eine Person also, die die Dinge eher locker zu nehmen scheint, die auch gerne mal fünf gerade sein lässt.

Die *Störche* über dem Kopf des Fragestellers machen deutlich, wie zerrissen sich dieser Mensch innerlich oft fühlen muss. Als Einzelaussage steht die Karte ja für Veränderung, also ein Hin und Her!

2. Schritt: Reaktion

Die *Fische* vor der Personenkarte stehen für Emotionen und Gefühle, die es zu kontrollieren gilt. Diese Karte zeigt sich oft bei Menschen, die gerade dies nicht können. Möglicherweise neigt der Fragesteller zu emotionalen Ausbrüchen. Ursache hierfür mag die innere Zerrissenheit sein, die sich in den Kopfkarten zeigt.

3. Schritt: Unbewusstes

Die *Sense* im Rücken der Personenkarte verrät, dass wir es mit einem Fragesteller zu tun haben, der sehr belastet zu sein scheint und unter Druck steht. Warum das so ist, und er eigentlich viel vorsichtiger und vorausschauender vorgehen sollte, ist ihm selbst nicht bewusst. Dies kann natürlich zu einer sehr starken inneren Anspannung führen.

4. Schritt: Nicht Gewolltes

Die *Wolken* zu Füßen der Person machen klar, dass der Mensch seiner inneren Stimme momentan nicht vertraut oder vertrauen kann.

Andererseits zeigt die *Schlange*, dass er aber auch seinen Verstand nicht ausreichend nutzt oder nutzen will – vielleicht ein Hinweis darauf, dass der Fragesteller derzeit den Weg des geringsten Widerstands geht.

Der *Schlüssel* steht für das Gefühl, dass die Dinge ohne unser eigenes Zutun passieren, uns einfach zufallen. So mag sich die Person einer Situation vielleicht eher ausgeliefert fühlen.

5. Schritt: Zusammenfassende Interpretation

Da das *Haus* einen sicherheitsdenkenden Menschen beschreibt, baut der Fragesteller möglicherweise gerade zu sehr auf Sicherheit. Manchmal entwickeln die Dinge allerdings, wie der *Schlüssel* zeigt, ohne unser Zutun eine Eigendynamik, sodass genau das Gegenteil dessen, was wir ursprünglich beabsichtigten, eintritt.

Wir können davon ausgehen, dass der Fragesteller im Moment vor lauter Sicherheitsdenken schwer zu bewegen sein wird, seiner inneren Stimme mehr Vertrauen zu schenken *(die Wolken)* und eher überreagiert *(die Fische)*, wenn er unter Druck gerät *(die Sense)*.

Vielleicht sollte er strukturierter vorgehen *(die Schlange)* und auch einfach einmal fünf gerade sein lassen *(der Brief)*, etwas unbeschwerter sein, auch wenn es schwerfällt.

Die Dreier-Legung

Dieses Legesystem ist besonders gut geeignet, um einen Situationsverlauf anzuzeigen. Dabei werden drei Karten der Reihe nach gezogen und zunächst verdeckt ausgelegt. Die erste Karte beschreibt die ***Vergangenheit*** oder Einflüsse, die aus der Vergangenheit in die Gegenwart mit hineinspielen. Die Karte auf Position zwei schildert die ***gegenwärtige Situation*** und die letzte Karte gibt Aufschluss über ***zukünftige Ereignisse*** oder das zu erwartende Ergebnis.

Zunächst wird jede Karte einzeln gedeutet, das heißt, man zieht die Einzelaussagen zu Rate. Wenn Sie möchten, können Sie auch noch eine oder zwei Karten zu jeder Position zusätzlich ziehen, um danach diese zu kombinieren, damit die Deutung erweitert werden kann.

Diese Legung ist besonders sinnvoll, um das sichere Beherrschen der Einzelaussagen zu trainieren, bevor Sie sich an das Große Deck heranwagen. Außerdem eignen Sie sich mit diesem Legesystem schon relativ schnell sehr klare Aussagen an.

Beispiel:

Frage: Wie werden sich meine Kartenlegekenntnisse entwickeln?

33 Schlüssel

5 Baum

31 Sonne

Antwort:

Schlüssel: Die Welt des Kartenlegens hat sich Ihnen bereits erschlossen und Sie fühlen sich schon recht sicher. Da Sie selbst viel von sich erwarten, wollten Sie zuerst alles sehr gut lernen, bevor Sie mit dem eigentlichen Kartenlegen anfingen.

Baum: Sie lassen sich noch immer viel Zeit, um weiterzulernen. Sie setzen sich dabei nicht unter Zeitdruck, sondern nehmen sich die Zeit, die Sie brauchen.

Sonne: Prima! Das ist der Weg zum Erfolg!

Das Keltische Kreuz

Beim *Keltischen Kreuz* handelt es sich um ein sehr altes und beliebtes Legesystem, das gut dazu geeignet ist, konkrete Fragen präzise zu beantworten. Hat der Fragesteller ein ganz bestimmtes Problem, ist es ein gutes Werkzeug, um den Ausgang einer Angelegenheit zu erkennen und gibt eindeutige Hilfestellung, falls das Ergebnis nicht so ausfallen sollte, wie es sich der Fragende erhofft hat. Konkret heißt dies, auch wirklich bei der gestellten Frage zu bleiben und nicht etwa beim Auslegen auf ein anderes Thema umzuschwenken, beispielsweise berufliche Fragen mit Beziehungsthemen zu vermischen. Also immer schön bei der einmal gestellten Frage bleiben und für weitere Probleme neue Legungen mit dem Keltischen Kreuz machen.

Außerdem ist es ein sehr gutes Instrument, um Themen, die bei der Deutung des Großen Decks noch nicht ausreichend beantwortet werden konnten, näher zu beleuchten. Es ist also ein hervorragendes Legesystem, um richtig in die Tiefe zu gehen. Durch das gedankliche Herstellen von Querverbindungen zwischen bestimmten Positionen im *Keltischen Kreuz,* haben Sie die Möglichkeit, dem Fragenden direkt bei der Problemlösung zu helfen, sodass er eine echte Entscheidungshilfe erhält.

Hier wird deutlich, wie wichtig die ***Einzelaussagen*** jeder Karte sind, denn zu jeder Position wird nur eine einzige Karte ausgelegt. In Sonderfällen kann man noch eine oder zwei weitere dazu ziehen, dies sollte aber die Ausnahme sein, da schon die einzelne Aussage einer Karte eine klare Antwort auf die gestellte Frage gibt.

Sie haben die Wahl, entweder mit einem ***Signifikator*** (Sie erinnern sich: Diese Karte bezeichnet das ***Kernproblem)*** zu arbeiten oder darauf zu verzichten. ***Der Signifikator wird vor der Legung gewählt*** und zusätzlich auf Position 1 platziert. Vorteil ist, dass Sie dadurch immer direkt vor Augen haben, worum es sich bei der gestellten Frage dreht. Sie müssen sich daher *nicht* mit Nebensächlichkeiten aufhalten. Allerdings steht diese zusätzlich gezogene Karte dann für die Deutung natürlich nicht weiter in der Auslage zur Verfügung, es sei denn, Sie nehmen ein weiteres Deck zu Hilfe. Entscheiden Sie selbst!

Die Karten werden entsprechend der Zeichnung entweder offen oder verdeckt ausgelegt. Wenn Sie nicht schon während des Auslegens durch eigene Schlussfolgerungen abgelenkt werden möchten, empfiehlt es sich, die Karten bis zum Ende verdeckt liegen zu lassen.

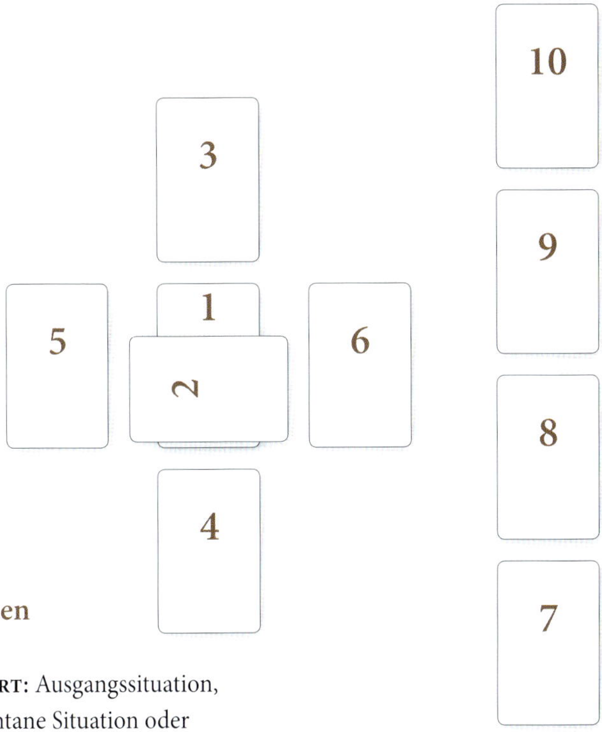

Die Positionen

1. **Gegenwart:** Ausgangssituation, die momentane Situation oder Signifikator.
2. **Gegenwart:** Ursache, die hinzukommt.
3. **Darüber macht man sich Gedanken,** das geht im Kopf vor.
4. **Person will** oder tut dies bewusst nicht.
5. **Vergangenheit, beeinflusst die Gegenwart** (Positionen 1 und 2) oder zeigt, was einmal war.
6. **Nahe Zukunft,** vier bis sechs Wochen; das kommt.
7. **Davon geht der Fragesteller aus,** so schätzt er die Situation ein.
8. **So sieht es die Umgebung** (Partner, andere Menschen).
9. **Hoffnungen und Ängste** des Fragenden.
10. **Ergebnis, Tendenz,** die Fragesteller zu der Frage hat.

Wenn Sie schon ein wenig mit den komplexen Verbindungen (Kombinationen) vertraut sind, können Sie die Karten auf folgenden Positionen miteinander in Beziehung bringen und die oben erwähnten gedanklichen Querverbindungen herstellen:

- Diese Karten betreffen die Gegenwart. **1, 2, 3, 4, 7, 8 , 9**
- Gegenwart, so ist es im Moment **1, 2, 3, 4**
  (keine Zukunftsberatung vornehmen, sondern eine Zustandsanalyse machen).
- Nahe Zukunft **6**
- Vergangenheit **5**
- Tendenz, Ergebnis **10**
- Hiermit sollten Sie sich eindeutig auseinandersetzen. **1, 2**
- Werden Sie sich klar darüber, was Sie beschäftigt **3, 9**
  und korrigieren Sie ihre gedankliche Einstellung nötigenfalls.
- Auch hier wäre eine Korrektur erwägenswert. **4, 7**
- Das müssen Sie akzeptieren, **5, 6, 8, 10**
  wenn Sie keine Änderung anstreben.
- Hier können Ihre Energien gut eingesetzt werden, **3, 4, 7, 9**
  etwas bezwecken.

Folgende Legung soll veranschaulichen, wie man mit dem Keltischen Kreuz arbeiten kann:

Eine junge Frau lebt in einer festen Beziehung. Vor einiger Zeit hat sie einen interessanten Mann kennengelernt. Die beiden haben sich schon ein paar Mal getroffen und sie möchte wissen, wie es mit ihm weitergeht.

Die Karten auf den ***Positionen 1 und 2*** zeigen uns die ***gegenwärtige Situation***, *Sterne* ***(Position 1)*** und *Fuchs* ***(Position 2)***. Dies bedeutet, dass die Dame ein trügerisches Bild von sich zeigt, nach außen etwas anderes darstellt, als sie innerlich tatsächlich fühlt und sich auch selbst möglicherweise etwas vormacht. In Gedanken ***(Position 3,*** *Turm)* grenzt sie sich ab. Sie glaubt, dass die Bekanntschaft mit dem anderen Mann nicht von Dauer sein wird, schätzt das Ganze aber nicht realistisch ein *(Schlange* auf ***Position 4)***.

In der ***Vergangenheit*** *(Dame* auf ***Position 5)*** hoffte sie, ihre Bedürfnisse durchsetzen zu können. Offensichtlich schmeichelt ihr die Situation und poliert ihr Ego. Logisch, dass sie die Geschichte deshalb auch nicht realistisch betrachtet ***(Position 4,*** *Schlange).*

Der *Anker* auf ***Position 6*** deutet an, dass sie in den nächsten vier bis sechs Wochen nicht loslassen wird, sondern an der Bekanntschaft festhalten will.

Der Mann, den die Fragestellerin kürzlich kennenlernte, sieht die Freundschaft zu ihr erst einmal sehr locker *(Brief* auf ***Position 8)***.

***Position** 7, Kind,* verrät uns, dass die Dame davon ausgeht, durch diesen anderen Mann neue Erfahrungen und Einsichten in ihr Leben zu bringen.

Allerdings hat sie auch Hoffnung, dass sich aus der Geschichte doch etwas Festeres entwickeln wird, fürchtet sich aber gleichzeitig davor *(Haus* auf ***Position 9)***. Klar, sie hat ja auch schon einen Partner.

Auf ***Position 10*** liegt die *Sonne*. Auf jeden Fall wird sie diese Bekanntschaft in der Zukunft als sehr positiv und bereichernd für ihr Leben empfinden.

Die Frau rief ein halbes Jahr später an, um sich zu bedanken und berichtete Folgendes:

Der andere Mann mochte sie sehr, wollte aber keine feste Beziehung. So kam sie erst gar nicht in die Verlegenheit, ihrem Ehemann etwas gestehen zu müssen. Auf der anderen Seite fand sie gerade das sehr anziehend. Die lockere Art miteinander umzugehen, tat ihr sehr gut, denn so einen ungezwungenen und unverbindlichen Umgang hatte sie schon lange nicht mehr. Die beiden trafen sich weiter, und sie genoss die Zeit sehr. Sie sagte ohne Bedauern, dass es ein schönes Abenteuer war, aus dem sich nichts Dauerhaftes entwickelte.

Kartenlegen ist …
Kombinationsgabe.

Kartenlegen heißt lernen Kenntnisse und Intuition zu kombinieren.

Stellen Sie sich vor, schon nach einer kurzen Übungsphase werden Ihnen auch komplexe Karten-kombinationen ganz viel zu sagen haben.

Die Kombinationen der Karten – wie wird kombiniert?

So, und nun wird es richtig spannend. Nachdem Ihnen inzwischen Einzelaussagen und Bedeutungen der Karten vertraut sind, fangen wir an zu kombinieren, indem zwei oder mehr Karten in Verbindung zueinander gedeutet werden.

Es ist in erster Linie wichtig, die Kombinationen ein-, zweimal durchzulesen und sie ganz genau zu verstehen. Mit der Zeit erkennt man dann immer mehr, beziehungsweise werden sich einem die Kombinationen auch von selbst erschließen.

Wahrscheinlich ist Ihnen auch schon aufgefallen, dass wichtige Ereignisse oder Eigenschaften, wie beispielsweise die liebe Eifersucht, gar nicht aus den Bedeutungen herauszulesen sind. Trotzdem sind sie vorhanden, wir müssen sie nur erkennen, und dafür gibt es die Kombinationen.

Bleiben wir bei dem Beispiel der Eifersucht: Sie setzt sich aus den Karten für die übertriebene Liebe und Stärke zusammen – nämlich *Herz, Fuchs* und *Bär*. Wir nehmen zuerst das *Herz*. Liebe und Herzlichkeit. Der *Bär* macht daraus eine leidenschaftliche, starke Liebe. Liebe, die mit Eifer sucht, was Leiden schaffen kann. Nehmen wir den *Fuchs* zum Herz dazu, stellt sich schnell das Gefühl ein, viel mehr zu geben, als man zurückbekommt. *Fuchs* am *Herzen* deutet auf eine falsche, übertriebene Liebe hin. Haben wir am *Herzen* vielleicht auch noch die spitze Seite der *Sense* liegen, die Gefahr oder Schmerzen für das *Herz* bedeutet, ist das Leiden perfekt. Diese Art, die Karten zu kombinieren, nennt man ***komplex.***

Eine andere Art die Aussagen der Karten zu verbinden, ist die chronologische Vorgehensweise, bei der Ereignisse nacheinander gedeutet werden. Nehmen wir beispielsweise die Karten das *Schiff* und der *Herr*.

Dies besagt, dass Ihr Herzensmann auf Sie zukommen wird. Womit er das tut, erklären dann die umliegenden Karten.

Die ***chronologischen Kombinationen*** sind recht eindeutig und erschließen sich ganz logisch, wenn man die Einzelaussagen und Bedeutungen der einzelnen Karten vernünftig gelernt hat. Die ***komplexen Kombinationen*** sind nachfolgend aufgeführt und sollten nach und nach ins Deuten der Decks einfließen.

Am sinnvollsten ist es, sich jeweils eine Karte vorzunehmen und mit der nachfolgenden selbstständig zu kombinieren, bevor man die Kombinationen im Buch nachliest. Der Lerneffekt ist einfach größer, als wenn man nur stur auswendig lernen würde.

Sicherlich fällt auf, dass manche Kombinationen auf den ersten Blick schwer nachvollziehbar, widersprüchlich oder gar unsinnig erscheinen. Wie gesagt, auf den ersten Blick … Deshalb möchten wir an dieser Stelle noch einmal ganz deutlich darauf hinweisen, dass alle Kombinationen unserer langjährigen Legepraxis entstammen, und wir der Schule der großartigen Elisabeth Drabeck angehören. So haben wir zum Teil Kombinationen übernommen, weil sich diese in der Praxis immer wieder als *richtig für die Situation* erwiesen haben. Trotzdem sind alle Kombinationen sorgfältig auf ihre Logik hin von uns überprüft worden. Die Kombinationen, die sich zwar in der Praxis bewährten, aber dennoch unlogisch blieben, haben wir deshalb in der folgenden Auflistung mit * gekennzeichnet.

Die Liste der Kombinationen beinhaltet Vorschläge, die um einige Möglichkeiten erweiterbar sind. Wir haben Lösungsvorschläge gewählt, die den Hintergrund der einzelnen Karten erklären und aufzeigen, wie sie in Kombination ***logisch*** zusammenzuführen sind.

Zum Teil sind die Aussagen sehr widersprüchlich. ***Aber:*** Es kommt dabei immer darauf, an wie die Frage gestellt wurde oder welches Thema schwerpunktmäßig gedeutet wird.

Kombinationsvorschläge zu den Personenkarten variieren zum Teil bewusst, können aber grundsätzlich bei allen Personenkarten eingesetzt werden.

Ferner arbeiten wir mit den Karten doppelt, das heißt, wir können verschiedene ***Inhalte*** einer Karte deuten. ***Beispiel:*** Beim Thema Treue befragen wir die Karte *Hund* ebenso wie beim Freundschaftsthema. Somit passt die eine Aussage der gleichen Kombination zu mehreren Themen. Wichtig ist dabei immer, dass man realistisch und logisch antwortet. Für mehrere Deutungsmöglichkeiten haben wir statt einem »oder« der Kürze halber einen Schrägstrich gesetzt.

Um es noch einmal zu betonen: Natürlich ist unsere Meinung nicht für jeden gültig! Außerdem ist es uns ein großes Anliegen, jedem Menschen Raum für seine eigenen Deutungen zu lassen und ihn nicht in ein Schema zu pressen. Vielmehr ist ein kreativer, stimmiger und verantwortungsvoller Umgang mit den Karten für uns Gebot.

Wie die Kombinationen zu lesen sind

Hier eine kleine Einführung, wie man die Kombinationen nutzen kann. Wir differenzieren zwischen Karten, die der Lage nach gedeutet werden und Karten, die in alle Richtungen kombiniert werden können. Bei Karten, die der Lage nach gedeutet werden, ist es von Bedeutung, ob die zu kombinierende Karte vor oder nach einer bestimmten Karte zu liegen kommt. Bei Karten, die nicht der Lage nach gedeutet werden, bleibt die Aussage immer dieselbe.
Hier einige Beispiele:

A. Karten, die nicht der Lage nach zu kombinieren sind:

Beispiel 1:
1 *Reiter*
in Verbindung mit
2 *Klee:*

✧ **baldiger Fortschritt**
✧ **gutes Vorankommen**

Gelesen wird:
Reiter in Verbindung mit *Klee*
bedeutet: baldiger Fortschritt, gutes Vorankommen

Beispiel 2:

1 Reiter

in Verbindung mit

24 Herz: ✧ **in Liebesdingen unterwegs**

dazu PK: ✧ **fremdgehen**

Gelesen wird:

Reiter in Verbindung mit *Herz*

bedeutet: in Liebesdingen unterwegs

Im Unterschied zu

Reiter in Verbindung mit *Herz* plus *PK*

bedeutet: fremdgehen, d. h. diese Person geht fremd.

B. Karten, die der Lage nach zu kombinieren sind:

Beispiel 1:

1 Reiter

in Verbindung mit

6 Wolken – **helle Seite:** ✧ **Unklarheiten lösen sich auf, so langsam geht es voran**

– **dunkle Seite:** ✧ **noch ist keine Besserung in Sicht**

Gelesen wird:

Reiter in Verbindung mit *Wolken* – **helle Seite**

bedeutet: Unklarheiten lösen sich auf, langsam geht es voran, denn hier scheint die **helle Seite** der *Wolken* auf den *Reiter*.

Reiter in Verbindung mit *Wolken* – **dunkle Seite**

bedeutet: noch ist keine Besserung in Sicht, denn hier scheint die **dunkle Seite** der *Wolken* auf den *Reiter*.

Beispiel 2:

1 Reiter

in Verbindung mit

6 ***Sense*** **– davor:** ✧ **Schaden durch zu viel Eifer**

– danach: ✧ **plötzliche Besserung**

✧ **plötzlicher Fortschritt**

Gelesen wird:

Sense vor *Reiter*

bedeutet: Schaden durch zu viel Eifer, denn die **Spitze** der *Sense* trifft den *Reiter.*

Sense nach *Reiter*

bedeutet: plötzliche Besserung oder plötzlicher Fortschritt (je nach Fragestellung), denn die **stumpfe Seite** der *Sense* zeigt auf den *Reiter*.

Beispiel 3:

1 Reiter

in Verbindung mit

23 Mäuse **– davor:** ✧ **nur langsamer Fortschritt**

– danach: ✧ **gute Aussichten lösen sich in Luft auf**

Gelesen wird:

Mäuse liegen vor dem *Reiter*

bedeutet: nur langsamer Fortschritt, denn die *Mäuse* **pupsen** auf die Karte, die **rechts** von ihnen liegt.

Mäuse liegen nach dem *Reiter*

bedeutet: gute Aussichten lösen sich in Luft auf, denn die *Mäuse* **fressen** die Karte, die **links** von ihnen liegt.

Beispiel 4:
1 Reiter
in Verbindung mit
***36 Kreuz* – davor:** ✧ **überaus prächtige Entwicklung**

– danach: ✧ **positive Entwicklung kommt zum Stillstand**

– darüber: ✧ **Dinge positiv vorantreiben**

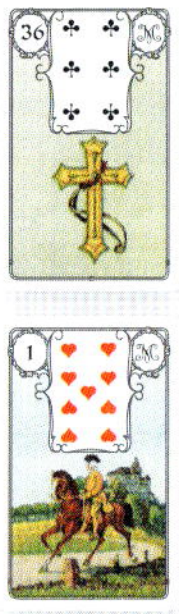

Gelesen wird:
Kreuz liegt vor *Reiter*
bedeutet: überaus prächtige Entwicklung

Kreuz liegt nach *Reiter*
bedeutet: positive Entwicklung kommt zum Stillstand

Kreuz liegt über ***Reiter***
bedeutet: Aufgabe ist es, die Dinge positiv voranzutreiben.

C. Mit * gekennzeichnete Begriffe haben wir von Elisabeth Drabeck übernommen:

Beispiel:
4 Haus
in Verbindung mit
19 Turm: ✧ **Hochhaus***
✧ **Isolation**

Gelesen wird:
Haus in Verbindung mit *Turm*
bedeutet: Hochhaus* – Der Begriff Hochhaus* stammt von Elisabeth Drabeck.
bedeutet: Isolation – Der Begriff Isolation stammt von uns.

D. Anstelle des Wortes »oder« haben wir den »/« verwendet, da die jeweilige Fragestellung oder Situation zu berücksichtigen ist:

Beispiel:

1 Reiter

in Verbindung mit

18 Hund: ✧ **Freund/Bruder/ Freundeskreis steht hilfreich zur Seite**

Gelesen wird:

Reiter in Verbindung mit *Hund*

bedeutet: Je nach Fragestellung oder Situation steht entweder ein Freund, Bruder oder der gesamte Freundeskreis hilfreich zur Seite. Selbstverständlich können auch mehrere oder alle Begriffe zutreffen.

E. Die Karten *28 Herr* und *29 Dame* haben wir zusammengefasst aufgelistet:

Beispiel:

1. Reiter

in Verbindung mit

28 Herr/29 Dame: ✧ **Mann/Partner**

oder

Frau/ Partnerin kommt auf Sie zu

Gelesen wird:

Reiter in Verbindung mit *Herr* ***oder*** *Dame*

bedeutet: Je nach Geschlecht und Fragestellung kommt entweder ein Mann/ Partner oder eine Frau/Partnerin auf Sie zu.

F. Ausnahmen

haben wir nur dort, wo es uns sinnvoll erschien, gemacht: Wenn die **Blickrichtung** zu beachten ist oder wenn der **Lage** nach gedeutet wird, wie es beispielsweise bei der Karte *10 Sense* oder *36 Kreuz* der Fall ist.

Beispiel 1:
10 Sense
in Verbindung mit

28 Herr **– davor:** ✧ **Mann/Partner taucht plötzlich auf**

– danach: ✧ **Mann/Partner mit niedriger Reizschwelle**

29 Dame **– davor:** ✧ **Frau/Partnerin taucht plötzlich auf**

– danach: ✧ **Frau/Partnerin mit niedriger Reizschwelle**

Gelesen wird (hier als Beispiel der *Herr*):
Sense in Verbindung mit *Herr* **davor**
bedeutet: Mann/Partner taucht plötzlich auf,
Sense in Verbindung mit *Herr* **danach**
bedeutet: Mann/Partner ist schnell gereizt

Hier haben wir die Karten *28 Herr* und *29 Dame* **nicht** zusammengefasst, um die Begriffe Mann/Partner und Frau/Partnerin nicht durcheinanderzubringen, die Blickrichtung der Personenkarten ist hierfür nicht relevant. Entscheidend ist die **Lage** der Karte *10 Sense,* deren Spitze entweder auf die entsprechende Karte zeigt (wenn sie davor liegt) oder aber mit der stumpfen Seite dagegen weist (wenn sie nach der entsprechenden Karte liegt).

Beispiel 2:
36 Kreuz
in Verbindung mit

***28 Herr* – davor:** ✧ **fühlt sich vom Leben gebeutelt**
(PK hat das Kreuz vor der Nase)

– danach: ✧ **hat einschlägige Erfahrungen gemacht**
(PK hat das Kreuz im Rücken)

– darunter: ✧ **soll/wird seine Bedürfnisse in den Vordergrund stellen**
(PK liegt unter Kreuz)

***29 Dame* – davor:** ✧ **hat einschlägige Erfahrungen gemacht**
(PK hat das Kreuz im Rücken)

– danach: ✧ **fühlt sich vom Leben gebeutelt**
(PK hat das Kreuz vor der Nase)

– darunter: ✧ **soll/wird ihre Bedürfnisse in den Vordergrund stellen**
(PK liegt unter Kreuz)

Gelesen wird (hier als Beispiel die *Dame*):
Kreuz in Verbindung mit *Dame* ***davor***
bedeutet: Diese Person hat einschlägige Erfahrungen gemacht, das Kreuz befindet sich in ihrem Rücken, liegt also hinter ihr.
Kreuz in Verbindung mit *Dame* ***danach***
bedeutet: Diese Person fühlt sich vom Leben gebeutelt, sie hat das Kreuz vor ihrer Nase liegen, sieht also direkt hinein.
Kreuz in Verbindung mit *Dame* ***darunter***
bedeutet: Diese Person soll/wird ihre Bedürfnisse in den Vordergrund stellen, das Kreuz schwebt über ihrem Kopf und zeigt wie ein Finger auf sie.

Hier haben wir die Karten *28 Herr* und *29 Dame* **nicht** zusammengefasst, denn neben der Lage der Karte *36 Kreuz* ist die **Blickrichtung der Personenkarten relevant.**

1 Reiter
in Verbindung mit:

2 Klee

- ✧ baldiger Fortschritt
- ✧ gutes Vorankommen

3 Schiff

- ✧ schöne Reise
- ✧ Hoffnung gut voranzukommen

4 Haus

- ✧ geeignetes Objekt (Wohnung/Immobilie)
- ✧ Fortschritt und Stabilität kommen
- ✧ gute stabile Lage
- ✧ körperlich fit

5 Baum

- ✧ erfolgreiches Jahr
- ✧ Zeitaufwand in Kauf nehmen – es lohnt sich
- ✧ gesundheitlich fit

6 Wolken

- ✧ **helle Seite:** Unklarheiten lösen sich auf, so langsam geht's voran
- ✧ **dunkle Seite:** noch ist keine Verbesserung in Sicht

7 Schlange

- ✧ Frau kommt auf Sie zu
- ✧ gute Planung bringt Sie weiter

8 Sarg

- ✧ Situation ist nicht so schlimm, wie erwartet
- ✧ Besserung in Sicht

9 Blumen

- ✧ Einladung, Geschenk

10 Sense

- ✧ **davor:** Schaden durch zu viel Eifer
- ✧ **danach:** plötzliche Besserung, plötzlicher Fortschritt

11 Ruten

- ✧ guter Rat
- ✧ wichtiger Hinweis

12 Vögel

- ✧ aufregendes Ereignis

1 Reiter
in Verbindung mit:

13 Kind

- ✧ erfolgreicher Neuanfang

14 Fuchs

- ✧ trügerische Aussichten
- ✧ Fehler durch zu viel Eifer

15 Bär

- ✧ Vertrauen bringt Sie weiter
- ✧ Mann kommt auf Sie zu

16 Sterne

- ✧ gute Aussichten auf Erfolg
- ✧ spirituelle Entwicklung

17 Störche

- ✧ Veränderung bringt Fortschritt
- ✧ Aktivität bringt Veränderung

18 Hund

- ✧ Freund/Bruder/ Freundeskreis steht hilfreich zur Seite

19 Turm

- ✧ Trennungsgedanken/ über eine Trennung nachdenken
- ✧ Grenzen überwinden
- ✧ Beförderung

20 Park

- ✧ guter/s Ruf/Ansehen in der Öffentlichkeit
- ✧ an einer öffentlichen/schönen Veranstaltung teilnehmen

21 Berg

- ✧ Fortschritt nur durch Alternativen möglich
- ✧ Problem, das sich als doch nicht so groß herausstellt

22 Wege

- ✧ eine gute Entscheidung

23 Mäuse

- ✧ **davor:** nur langsamer Fortschritt
- ✧ **danach:** gute Aussichten lösen sich in Luft auf

1 Reiter
in Verbindung mit:

24 Herz

- in Liebesdingen unterwegs
- **dazu PK:** fremdgehen

25 Ring

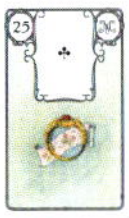

- positive Verbindung
- Verbindung kommt auf Sie zu

26 Buch

- Geheimnis wird Ihnen anvertraut
- Ideen werden verschwiegen

27 Brief

- Nachricht kommt

28 Herr/29 Dame

- Mann/Partner oder Frau/Partnerin kommt auf Sie zu

30 Lilien

- in sexuellen Dingen unterwegs
- **dazu PK:** fremdgehen

31 Sonne

- erfolgreiche Unternehmung

32 Mond

- bei Nacht unterwegs
- schöner Abend
- Meditation ist hilfreich

33 Schlüssel

- mehr Sicherheit erlangen
- Erfolg ist kaum mehr aufzuhalten

34 Fische

- finanzieller Erfolg

35 Anker

- Arbeitsangebot kommt
- beruflicher Erfolg

36 Kreuz

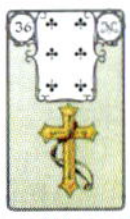

- **davor:** überaus prächtige Entwicklung
- **danach:** positive Entwicklung kommt zum Stillstand
- **darüber:** Dinge positiv vorantreiben

2 Klee
in Verbindung mit:

1 Reiter

- ✧ baldiger Fortschritt
- ✧ gutes Vorankommen

3 Schiff

- ✧ kurze Reise
- ✧ Reise in Kürze
- ✧ Glück auf einer Reise

4 Haus

- ✧ gute Grundlage
- ✧ schon bald Stabilität in einer Angelegenheit
- ✧ gute stabile Lage
- ✧ körperlich fit

5 Baum

- ✧ ein halbes Jahr
- ✧ die Prise Glück im Leben

6 Wolken

- ✧ **dunkle Seite:** auf die Schnelle ist nichts zu erreichen
- ✧ **helle Seite:** trotz Unklarheiten baldige Besserung der Situation

7 Schlange

- ✧ guter Plan
- ✧ Verbindung mit dieser Frau ist Glück bringend
- ✧ Glück mit einem Plan/Vorhaben

8 Sarg

- ✧ kurze Erkrankung

9 Blumen

- ✧ Freude, Glück

10 Sense

- ✧ **davor:** in den nächsten Tagen Vorsicht walten lassen (Konzentration)
- ✧ **danach:** plötzliches Glück, plötzliche Wende zum Guten

11 Ruten

- ✧ guter Rat
- ✧ Rat in Kürze

12 Vögel

- ✧ aufregender Moment

2 Klee
in Verbindung mit:

13 Kind

- ✧ Glückskind
- ✧ Kinderglück

14 Fuchs

- ✧ scheinbares Glück

15 Bär

- ✧ Verbindung mit diesem Mann ist Glück verheißend

16 Sterne

- ✧ Glücksphase
- ✧ Klarheit in Kürze

17 Störche

- ✧ positive Veränderung

18 Hund

- ✧ gute Freundschaft

19 Turm

- ✧ kurze Trennungsphase
- ✧ Abstand halten wirkt sich positiv aus

20 Park

- ✧ gutes/r Ansehen/Ruf
- ✧ zum richtigen Zeitpunkt am richtigen Ort

21 Berg

- ✧ Blockade hält nicht lange an
- ✧ Hindernis, das einen Sinn hat

22 Wege

- ✧ baldige/kurzfristige Entscheidung

23 Mäuse
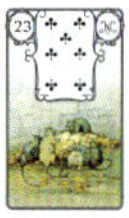

- ✧ **davor:** kein günstiger Moment
- ✧ **danach:** nichts zu erreichen

24 Herz

- ✧ Glück in der Liebe
- ✧ kurzes Glück (siehe umliegende Karten)

2 Klee
in Verbindung mit:

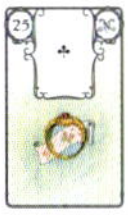

25 Ring

- ✧ Glück verheißende Verbindung
- ✧ Verbindung in Kürze

26 Buch

- ✧ unverhofftes Glück

27 Brief

- ✧ gute Nachricht
- ✧ Nachricht in Kürze

28 Herr/29 Dame

- ✧ im entscheidenden Moment das nötige Glück haben

30 Lilien

- ✧ Sex in Kürze
- ✧ Quickie/schneller Sex
- ✧ Familienglück

31 Sonne

- ✧ viel Glück
- ✧ baldiger Erfolg
- ✧ den Moment genießen

32 Mond

- ✧ schöner Abend
- ✧ kurze nervliche Verstimmung

33 Schlüssel

- ✧ mit Sicherheit ist Glück im Spiel

34 Fische

- ✧ Glück in finanziellen Dingen
- ✧ finanzielle Situation verbessert sich bald

35 Anker

- ✧ Arbeit in Kürze
- ✧ guter Job

36 Kreuz

- ✧ **davor:** Glücksphase
- ✧ **danach:** auf Glück allein ist kein Verlass mehr
- ✧ **darüber:** den Moment genießen

3 Schiff
in Verbindung mit:

1 Reiter

- schöne Reise
- Hoffnung gut voranzukommen

2 Klee

- kurze Fahrt/Reise
- Fahrt/Reise in Kürze
- Glück auf einer Fahrt/Reise

4 Haus

- Fahrt/Reise in die Heimat
- nach Hause fahren
- Hausboot

5 Baum

- längere Fahrt/Reise
- Fahrt ins Grüne

6 Wolken

- **helle Seite:** Unklarheiten wegen/auf einer Fahrt/Reise
- **dunkle Seite:** Probleme/Sorgen wegen oder auf einer Fahrt/Reise

7 Schlange

- Frau kommt Ihnen entgegen
- Fahrt/Reise mit Umwegen
- Komplikationen wegen/auf einer Reise
- Sehnsucht nach einer Frau

8 Sarg

- Fahrt/Reise findet nicht statt
- Kummer auf einer Fahrt/Reise
- etwas geht zu Ende

9 Blumen

- angenehme Unternehmung/Fahrt/Reise
- Besuch/Treffen kommt/findet statt

10 Sense

- **davor:** gefährliche Fahrt/Reise
- **danach:** plötzliche Reise/Aufbruch/Fahrt

3 Schiff
in Verbindung mit:

11 Ruten

- ✧ guter Rat wird Ihnen zuteil
- ✧ Reiseführer/Reiseinformation
- ✧ Streitigkeiten wegen/auf einer Fahrt/Reise

12 Vögel

- ✧ Streitigkeiten wegen/auf einer Fahrt/Reise
- ✧ stressige Fahrt/Reise

13 Kind

- ✧ Kind/Jugendlicher kommt auf Sie zu
- ✧ Kurztrip

14 Fuchs

- ✧ falscher Zeitpunkt für eine Fahrt/Reise
- ✧ auf derReise läuft etwas falsch

15 Bär

- ✧ Mann kommt Ihnen entgegen

16 Sterne

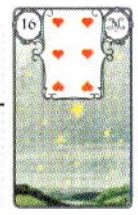

- ✧ spirituelle Reise
- ✧ phantastische Reise

17 Störche

- ✧ mehrere Fahrten/Reisen
- ✧ Fahrt/Reise bringt Veränderung

18 Hund

- ✧ Freund/Bruder kommt auf Sie zu
- ✧ entspannte Fahrt/Reise

19 Turm

- ✧ Fahrt/Reise über Grenze

20 Park

- ✧ Reiseveranstaltung

21 Berg

- ✧ Fahrt/Reise wird verhindert
- ✧ Fahrt/Reise in die Berge

3 Schiff
in Verbindung mit:

22 Wege

- Entscheidungsmöglichkeiten kommen
- Reiseentscheidung

23 Mäuse

- **davor:** kein guter Reisezeitpunkt
- **danach:** Fahrt/Reise findet nicht statt

24 Herz

- Ihnen wird Liebe/Herzlichkeit entgegengebracht
- Sehnsucht nach Liebe

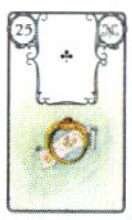

25 Ring

- Verbindung kommt auf Sie zu
- Reisebuchung/-vertrag
- auf einer Reise eine Verbindung eingehen

26 Buch

- Fahrt/Reise ist noch nicht spruchreif
- unerwartete Fahrt/Reise

27 Brief

- Nachricht erhalten/ist unterwegs
- Ihnen wird etwas mitgeteilt

28 Herr/29 Dame

- lässt die Dinge auf sich zukommen
- Mann/Partner oder Frau/Partnerin kommt auf Sie zu

30 Lilien

- harmonische Fahrt/Reise
- Familienausflug
- sexuelle Sehnsüchte

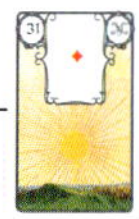

31 Sonne

- schönes Reisewetter
- tolle Fahrt/Reise
- Erfolgskurs

32 Mond

- Traum
- Träumereien
- tiefe Sehnsucht

3 Schiff
in Verbindung mit:

33 Schlüssel

- ✧ etwas kommt mit Sicherheit auf Sie zu
- ✧ Fahrt/Reise findet mit Sicherheit statt

34 Fische

- ✧ Geld kommt
- ✧ Geldsendung

35 Anker

- ✧ Arbeit wird mit Reisen in Verbindung gebracht
- ✧ Arbeitsangebot

36 Kreuz

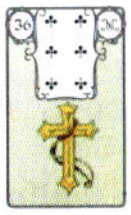

- ✧ **davor:** etwas ist nicht mehr aufzuhalten/kommt auf Sie zu
- ✧ **danach:** von allein passiert nichts mehr
- ✧ **darüber:** Dinge auf sich zukommen lassen

4 Haus
in Verbindung mit:

1 Reiter

- ✧ Fortschritt und Stabilität kommen
- ✧ ein geeignetes Objekt (Wohnung/ Immobilie)
- ✧ gute stabile Lage
- ✧ körperlich fit

2 Klee

- ✧ gute Grundlage
- ✧ schon bald Stabilität in einer Angelegenheit

3 Schiff

- ✧ Fahrt/Reise in die Heimat
- ✧ nach Hause fahren
- ✧ Hausboot

5 Baum

- ✧ Stabilität durch langsames Wachstum
- ✧ Baumhaus
- ✧ gesunder Körper

6 Wolken

- ✧ **helle Seite:** körperlich angeschlagen/erschöpft, Unklarheiten wegen Haus/ Wohnung
- ✧ **dunkle Seite:** körperlich geschwächt,
  mit Haus/Wohnung stimmt etwas nicht

7 Schlange

- ✧ zuverlässige Frau
- ✧ Frau mit ausgeprägtem Sicherheitsbedürfnis

8 Sarg

- ✧ mit Haus/Wohnung ist etwas nicht in Ordnung
- ✧ körperliche Erkrankung

9 Blumen

- ✧ gemütliches Zuhause
- ✧ Renovierung

4 Haus
in Verbindung mit:

10 Sense

- **davor:** körperlicher Schmerz, Wohnraum ist gefährdet
- **danach:** plötzliche Stabilität

11 Ruten

- Verhandlung/Diskussion/ Rat um/für ein/e Haus/Wohnung
- Eigentümerversammlung
- Mietrecht

12 Vögel

- Ärger/Schwierigkeiten durch Haus/Wohnung
- Unruhe bleibt vorerst

13 Kind

- kleine/s Wohnung/Haus
- kleinwüchsig

14 Fuchs

- mit diesem/r Haus/ Wohnung stimmt etwas nicht
- vorgetäuschte Stabilität

15 Bär

- zuverlässiger Mann
- Mann mit ausgeprägtem Sicherheitsbedürfnis

16 Sterne

- Traumhaus/-wohnung
- Körper und Geist sind im Einklang
- phantastische Ausgangssituation

17 Störche

- Umzug/Umbau/ Renovierung
- mehrere Grundlagen
- **darunter:** wackelige Basis

18 Hund

- stabile Freundschaft
- Gästezimmer

19 Turm

- Hochhaus*
- Isolation

4 Haus
in Verbindung mit:

20 Park

- öffentlich zugängliches Gebäude
- Wohnanlage
- Hotel

21 Berg

- schwer zugängliche/s Wohnung/Haus
- Haus in den Bergen (Hütte)

22 Wege

- Zweitwohnsitz
- sich überall zu Hause fühlen
- Stabilität wählen

23 Mäuse

- **davor:** körperlich angeschlagen
- **danach:** dem Körper fehlt etwas

24 Herz

- stabile(s) Liebe/Herz
- schöne/s Wohnung/Haus

25 Ring

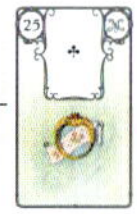

- feste/r Bindung/Verbindung/Vertrag
- Miet-/Kaufvertrag für Immobilien

26 Buch

- noch keine Stabilität
- noch kein passender Wohnsitz in Sicht

27 Brief

- Nachricht, die Sicherheit verschafft
- Nachricht kommt ins Haus

28 Herr/29 Dame

- häuslich
- ausgeprägtes Sicherheitsbedürfnis
- zuverlässig

30 Lilien

- starke Familienbande
- schönes Zuhause
- sehr anziehende Figur

4 Haus
in Verbindung mit:

31 Sonne

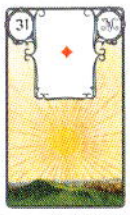

- ✧ tolles Haus
- ✧ gesundheitlich topfit

32 Mond

- ✧ sich nach innen wenden
- ✧ Geborgenheit, die fast zu viel wird

33 Schlüssel

- ✧ stabile Situation/Lage
- ✧ Haus/Wohnung ist Ihnen sicher

34 Fische

- ✧ stabile finanzielle Lage
- ✧ materiell wertvoll
- ✧ Tresor

35 Anker

- ✧ Home Office
- ✧ absolut sicherer Arbeitsplatz

36 Kreuz

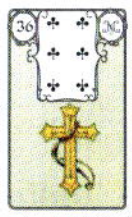

- ✧ **davor:** totale Stabilität
- ✧ **danach:** keine Stabilität mehr
- ✧ **darüber:** nur eine gute Basis bringt Sie weiter

5 Baum
in Verbindung mit:

1 Reiter

- erfolgreiches Jahr
- Zeitaufwand in Kauf nehmen – es lohnt sich!
- gesundheitlich fit

2 Klee

- ein halbes Jahr
- die Prise Glück im Leben

3 Schiff

- längere Fahrt/Reise
- Fahrt ins Grüne

4 Haus

- gesunder Körper
- Stabilität durch langsames Wachstum
- Baumhaus

6 Wolken

- **helle Seite:** unklare Lebensumstände, sich nicht ganz fit fühlen
- **dunkle Seite:** Unruhe, schlechter Gesundheitszustand

7 Schlange

- Pläne brauchen Zeit
- ruhige/naturverbundene Frau
- Komplikationen gewohnt sein

8 Sarg

- Krankheit
- Situation kränkelt schon länger

9 Blumen

- Naturverbundenheit
- Heilfähigkeiten
- Selbstheilungskräfte

10 Sense

- **davor:** angegriffene Gesundheit
- **danach:** plötzliche Ruhe, langsames Wachstum ist möglich

11 Ruten

- Zeit nehmen, um sich zu informieren
- Rat, der langfristig wichtig ist

5 Baum
in Verbindung mit:

12 Vögel

- ✧ Aufregung und Stress gewohnt sein

13 Kind

- ✧ Neuanfang verzögert sich
- ✧ das Jahr bringt einen Neuanfang

14 Fuchs

- ✧ Lebenslüge
- ✧ Raubbau an der Gesundheit

15 Bär

- ✧ guter Gesundheitszustand
- ✧ ruhiger, naturverbundener Mann
- ✧ Mann, der länger braucht, um voranzukommen

16 Sterne

- ✧ spirituelles Leben

17 Störche

- ✧ veränderungsreiches Jahr
- ✧ abwechslungsreiches Leben
- ✧ nicht zur Ruhe kommen

18 Hund

- ✧ Freundschaft fürs Leben

19 Turm

- ✧ hohe Lebenserwartung
- ✧ Eremitendasein
- ✧ einsames Leben
- ✧ sich allein gelassen fühlen

20 Park

- ✧ wohltätige Einrichtung
- ✧ Naturschutzgebiet

21 Berg

- ✧ hindernisreiches Leben
- ✧ Schwierigkeiten gewohnt
- ✧ blockiertes Wurzelchakra

22 Wege

- ✧ langfristige Entscheidung
- ✧ Entscheidung braucht Zeit

5 Baum
in Verbindung mit:

23 Mäuse

- **davor:** schlechte Zeit, schlechter Gesundheitszustand
- **danach:** etwas nagt an der Gesundheit, den richtigen Zeitpunkt verpassen

24 Herz

- langfristige Liebe
- Liebe des Lebens

25 Ring

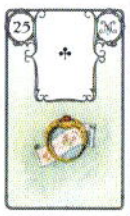

- langfristige Verbindung
- Verbindung fürs Leben

26 Buch

- etwas kommt nie heraus
- schon lange ein Geheimnis wahren

27 Brief

- Ökopapier
- Nachricht lässt auf sich warten

28 Herr/29 Dame

- ruhig
- naturverbunden
- braucht viel Zeit, um voranzukommen

30 Lilien

- langweiliger Sex
- sich Zeit für Sex nehmen
- heilerische Fähigkeiten (Reiki, Geistheilung)

31 Sonne

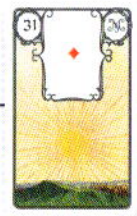

- Lebensenergie
- sehr guter Gesundheitszustand
- Fähigkeit, Energie zu übertragen

32 Mond

- chronisch schwache Nerven
- schon lange nervlich angespannt

33 Schlüssel

- Sicherheit braucht Zeit
- langfristige Sicherheit
- stabile gesundheitliche Verfassung

5 Baum
in Verbindung mit:

34 Fische

- ✧ konstante Einnahmen
- ✧ Geldanlage
- ✧ Geld ist langfristig angelegt

35 Anker

- ✧ langfristige Tätigkeit
- ✧ Loslassen ist ein Lebensthema

36 Kreuz

- ✧ **davor:** es dauert länger als erwartet
- ✧ **danach:** das Warten hat ein Ende
- ✧ **darüber:** Zeitaufwand in Kauf nehmen, es wird dauern

6 Wolken
in Verbindung mit:

1 Reiter

✧ **helle Seite:** Unklarheiten lösen sich auf, so langsam geht's voran

✧ **dunkle Seite:** noch ist keine Verbesserung in Sicht

2 Klee

✧ **helle Seite:** trotz Unklarheiten: baldige Besserung der Situation

✧ **dunkle Seite:** auf die Schnelle ist nichts zu erreichen

3 Schiff

✧ **helle Seite:** Unklarheiten wegen/auf einer Reise

✧ **dunkle Seite:** Probleme/Sorgen wegen/auf einer Reise

4 Haus

✧ **helle Seite:** körperlich angeschlagen/erschöpft, Unklarheiten wegen Haus/Wohnung

✧ **dunkle Seite:** körperlich geschwächt, mit Haus/Wohnung stimmt etwas nicht

5 Baum

✧ **helle Seite:** unklare Lebensumstände,
sich nicht ganz fit fühlen

✧ **dunkle Seite:** Unruhe,
schlechter Gesundheitszustand

7 Schlange

✧ **helle Seite:** vergesslich,
keinen klaren Gedanken fassen,
unklare Informationen/Pläne

✧ **dunkle Seite:** grübeln,
Pläne sind kaum zu verwirklichen

8 Sarg

✧ **helle Seite:** Krankheit vergeht, Besserung des Zustandes,
vorübergehende Schwächung,

✧ **dunkle Seite:** Zustand nicht unterschätzen,
sich sehr schlecht fühlen

9 Blumen

✧ **helle Seite:** Diplomatie bringt nichts,
Entzündung unklaren Ursprungs

✧ **dunkle Seite:** sehr undiplomatisch, Allergie

6 Wolken
in Verbindung mit:

10 Sense

✧ **helle Seite:** verletzte Seele
✧ **dunkle Seite:** sich plötzlich bedroht fühlen

11 Ruten

✧ **helle Seite:** unklare Anweisungen/Informationen
✧ **dunkle Seite:** großer Streit

12 Vögel

✧ **helle Seite:** Stress/Ärgernis nimmt ab
✧ **dunkle Seite:** großer Stress/Ärger

13 Kind

✧ **helle Seite:** schwammiger Neubeginn
✧ **dunkle Seite:** kein guter Zeitpunkt für Neuanfang, Probleme in der Kindheit

14 Fuchs

✧ **helle Seite:** Fehler werden nicht erkannt
✧ **dunkle Seite:** großer Fehler, Vorsicht, hier ist etwas faul

15 Bär

✧ **helle Seite:** Mann, der keinen Druck/schlechte Nachrichten verträgt
✧ **dunkle Seite:** Mann hat Probleme mit sich selbst, kein Vertrauen/Selbstbewusstsein

16 Sterne

✧ **helle Seite:** Suchtgefährdung, Durchblick verloren haben
✧ **dunkle Seite:** völlige Verwirrung, Glauben verloren haben, falscher Umgang mit spirituellen Kräften

17 Störche

✧ **helle Seite:** Veränderung, die nicht viel bringt; Veränderungsalternativen sind unklar
✧ **dunkle Seite:** Veränderung zum Schlechten

18 Hund

✧ **helle Seite:** Freundschaft, an der man arbeiten sollte, Geduld aufzubringen fällt schwer
✧ **dunkle Seite:** gefährdete Freundschaft, keine Geduld

6 Wolken
in Verbindung mit:

19 Turm

- **helle Seite:** sich allein gelassen fühlen, Trennung ist noch nicht entschieden/löst sich auf
- **dunkle Seite:** schwerer Weg; Trennung, die schwerfällt

20 Park

- **helle Seite:** unklare Verhältnisse
- **dunkle Seite:** falscher Umgang

21 Berg

- **helle Seite:** Hindernisse/ Schwierigkeiten lösen sich langsam auf, versteckte Hindernisse/ Schwierigkeiten
- **dunkle Seite:** große Hindernisse/ Schwierigkeiten

22 Wege

- **helle Seite:** unklare Entscheidung
- **dunkle Seite:** Entscheidung, die sich sehr ungünstig auswirkt

23 Mäuse

- **helle Seite:** unvorhergesehener Zeitverlust, schlechtes Gewissen
- **dunkle Seite:** kein Zugang zur Seele, Unklarheiten/ Widrigkeiten lösen sich auf

24 Herz

- **helle Seite:** unklare Liebesverhältnisse
- **dunkle Seite:** Liebeskummer

25 Ring

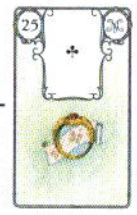

- **helle Seite:** Unklarheiten in einer Verbindung
- **dunkle Seite:** Verbindung bringt Kummer/liegt im Argen

26 Buch

- **helle Seite:** Geheimnis, das nicht sicher ist
- **dunkle Seite:** Geheimnis, das Ärger nach sich zieht; Verrat

6 Wolken
in Verbindung mit:

27 Brief

- **helle Seite:** unklare Kommunikation
- **dunkle Seite:** schlechte Nachrichten

28 Herr/29 Dame

- **helle Seite:** empfindlich, fühlt sich leicht angegriffen
- **dunkle Seite:** Mensch kann nicht viel ertragen

30 Lilien

- **helle Seite:** unbefriedigende familiäre/sexuelle Situation
- **dunkle Seite:** familiäre/sexuelle Probleme

31 Sonne

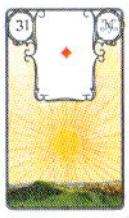

- **helle Seite:** sich gestresst fühlen, erholungsbedürftig
- **dunkle Seite:** kraftlos/urlaubsreif

32 Mond

- **helle Seite:** trübe Gemütslage, angegriffenes Nervenkostüm
- **dunkle Seite:** Depressionsgefühle

33 Schlüssel

- **helle Seite:** langsam wieder Sicherheit erlangen
- **dunkle Seite:** völlige Unsicherheit

34 Fische

- **helle Seite:** unklare finanzielle Situation
- **dunkle Seite:** finanzielle Probleme

35 Anker

- **helle Seite:** unklare berufliche Situation
- **dunkle Seite:** Probleme im Arbeitsbereich

36 Kreuz

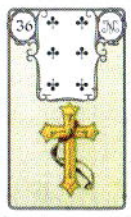

- **helle Seite:** Unklarheiten
- **dunkle Seite:** schwere Zeit ist vorbei (abgehakt)

7 Schlange
in Verbindung mit:

1 Reiter

✧ Frau kommt auf Sie zu
✧ gute Planung bringt Sie weiter

2 Klee

✧ guter Plan
✧ Glück mit einem Plan/Vorhaben
✧ Verbindung mit dieser Frau ist Glück bringend

3 Schiff

✧ Komplikationen wegen/ auf einer Reise
✧ Sehnsucht nach einer Frau
✧ Frau kommt Ihnen entgegen

4 Haus

✧ zuverlässige Frau
✧ Frau mit ausgeprägtem Sicherheitsbedürfnis

5 Baum

✧ Pläne brauchen Zeit
✧ Komplikationen gewohnt sein
✧ ruhige/naturverbundene Frau

6 Wolken

✧ **helle Seite:** keinen klaren Gedanken fassen, unklare Informationen/Pläne
✧ **dunkle Seite:** grübeln, Pläne sind kaum zu verwirklichen

8 Sarg

✧ Frau, die einem die Kraft raubt
✧ kein vernünftiger Gedanke möglich

9 Blumen

✧ kreative Frau
✧ diplomatische Frau

10 Sense

✧ **davor:** Frau mit niedriger Reizschwelle
✧ **danach:** Frau taucht auf

11 Ruten

✧ redegewandte Frau
✧ Rechtsanwältin
✧ Brainstorming

7 Schlange
in Verbindung mit:

12 Vögel

- bei Planung nicht provozieren lassen
- Frau, die sich schnell aufregt

13 Kind

- jüngere Frau
- neue Pläne

14 Fuchs

- Intrige
- Frau, mit der etwas nicht stimmt

15 Bär

- vertrauenswürdige Frau
- intelligenter Mann

16 Sterne

- Astrologin
- brillante/r Idee/Plan

17 Störche

- rationales Vorgehen bringt Veränderung
- Frau, die sich zerrissen fühlt

18 Hund

- gute Freundin
- hilfsbereite Frau

19 Turm

- dominante Frau
- distanzierte Frau

20 Park

- extrovertierte/offene Frau
- Pläne werden veröffentlicht

21 Berg

- völlig blockiertes Denken
- Pläne/Vorhaben werden blockiert

22 Wege

- über Umwege zu einer Entscheidung gelangen
- logische Entscheidung

23 Mäuse

- **davor:** Frau, die sich unwohl fühlt
- **danach:** Frau, die sich an etwas stört (etwas nagt an ihr)

7 Schlange
in Verbindung mit:

24 Herz

- ✧ herzliche Frau
- ✧ Liebe zu einer Frau

25 Ring

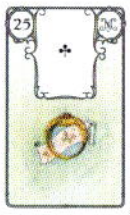

- ✧ Verkettung, die kaum zu lösen ist
- ✧ Frau ist/fühlt sich gebunden

26 Buch

- ✧ Frau ist verschwiegen
- ✧ geheime Pläne

27 Brief

- ✧ Nachricht von einer Frau
- ✧ Frau, die die Dinge nicht so eng sieht

28 Herr/29 Dame

- ✧ intelligente/r Fragesteller/in

30 Lilien

- ✧ sehr anziehende Frau
- ✧ komplizierte Familienverhältnisse

31 Sonne

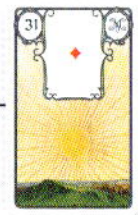

- ✧ dynamische Frau
- ✧ toller Plan

32 Mond

- ✧ sensible Frau

33 Schlüssel

- ✧ sicherheitsbedürftige Frau
- ✧ Plan geht auf

34 Fische

- ✧ einfühlsame Frau
- ✧ finanzielle Pläne
- ✧ finanzielle Verstrickungen

35 Anker

- ✧ Kollegin
- ✧ Frau, der es schwerfällt loszulassen
- ✧ Arbeitsprojekt/Projektarbeit

36 Kreuz

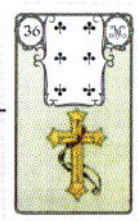

- ✧ **davor:** es kommt Struktur in eine Angelegenheit
- ✧ **danach:** Verstrickungen weg
- ✧ **darüber:** rationales Denken nötig

8 Sarg
in Verbindung mit:

1 Reiter

✧ Situation ist nicht so schlimm, wie erwartet
✧ Besserung in Sicht

2 Klee

✧ kurze Krankheit

3 Schiff

✧ Reise findet nicht statt
✧ Kummer auf einer Reise
✧ etwas geht zu Ende

4 Haus

✧ mit Haus/Wohnung ist etwas nicht in Ordnung
✧ körperliche Erkrankung

5 Baum

✧ Krankheit
✧ Situation kränkelt schon länger

6 Wolken

✧ **helle Seite:** vorübergehende Schwächung, Krankheit vergeht, Besserung des Zustandes
✧ **dunkle Seite:** Zustand nicht unterschätzen, sich sehr schlecht fühlen

7 Schlange

✧ kein vernünftiger Gedanke möglich
✧ Frau, die einem die Kraft raubt

9 Blumen

✧ gutartiges Geschwür (Pickel, Zyste, Myom, Abszess)
✧ Heilkraut zeigt keine Wirkung mehr, aber Heilung ist möglich*
✧ Sache, die nicht in Ordnung ist

10 Sense

✧ **davor:** Scheiden tut weh, schmerzhafter Eingriff
✧ **danach:** plötzliches Ende

8 Sarg
in Verbindung mit:

11 Ruten

- schlechter Rat
- Streit durch rechthaberisches Verhalten
- große Auseinandersetzung

12 Vögel

- Überreiztheit
- Aufregungen, die Kraft kosten

13 Kind

- Kind kränkelt
- kleinere Wehwehchen
- Neuanfang findet nicht statt

14 Fuchs

- Schwierigkeiten sind nicht so schlimm, wie gedacht
- bösartige Intrigen
- etwas zu beenden wäre falsch

15 Bär

- kein Selbstbewusstsein
- Mann, der einem die Kraft raubt

16 Sterne

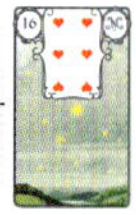

- Medialität
- Ende wird als Befreiung angesehen

17 Störche

- Veränderung zieht ein sicheres Ende nach sich
- Abschluss bringt Veränderung

18 Hund

- Freund/Bruder geht es nicht gut
- mit der Freundschaft stimmt etwas nicht

19 Turm

- etwas wird total beendet
- Anstalt, in der man isoliert ist

20 Park

- Gesellschaft, in der man sich nicht wohl fühlt
- negativer Einfluss von außen
- Krankenhaus

8 Sarg
in Verbindung mit:

21 Berg

- ✧ Trauer wird verdrängt
- ✧ absoluter Stillstand: nichts geht mehr

22 Wege

- ✧ keine Wahl haben
- ✧ vorschnelle Entscheidung bewirkt nichts Gutes

23 Mäuse

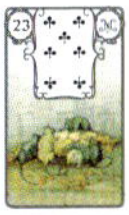

- ✧ **davor:** wenn es so weitergeht, kommt es noch schlimmer
- ✧ **danach:** Problem löst sich auf, bei Krankheit: schnelle Genesung

24 Herz

- ✧ Liebeskummer
- ✧ Herz-/Blutkreislaufprobleme

25 Ring

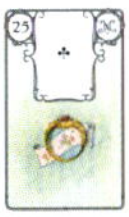

- ✧ Beziehung ist schwer gestört

26 Buch

- ✧ dunkles Geheimnis
- ✧ eine Leiche im Keller haben

27 Brief

- ✧ Krankschreibung/Befund
- ✧ Krankheit wird abgetan
- ✧ schlechte/traurige Nachricht

28 Herr/29 Dame

- ✧ kraftraubende Person
- ✧ sehr anstrengende Person

30 Lilien

- ✧ schwerwiegende Probleme/Krankheit in der Familie
- ✧ schwerwiegende sexuelle Probleme/Krankheit

31 Sonne

- ✧ Medialität

32 Mond

- ✧ psychische Erkrankung
- ✧ depressive Verstimmung

8 Sarg
in Verbindung mit:

33 Schlüssel

- ✧ etwas geht zu Ende, und man weiß, woran man ist
- ✧ sicheres Ende

34 Fische

- ✧ Geldprobleme
- ✧ überaus traurige Stimmung

35 Anker

- ✧ Arbeitslosigkeit
- ✧ Arbeit mit kranken Menschen

36 Kreuz

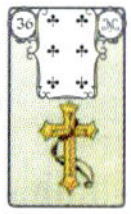

- ✧ **davor:** etwas geht zu Ende
- ✧ **danach:** Leid löst sich auf
- ✧ **darüber:** Ende akzeptieren

9 Blumen
in Verbindung mit:

1 Reiter

✧ Einladung, Geschenk

2 Klee

✧ Glück, Freude

3 Schiff

✧ angenehme Unternehmung/Fahrt/Reise
✧ Besuch/Treffen kommt/findet statt

4 Haus

✧ gemütliches Zuhause
✧ Renovierung

5 Baum

✧ Naturverbundenheit
✧ Heilfähigkeiten
✧ gute Selbstheilungskräfte

6 Wolken

✧ **helle Seite:** Diplomatie bringt nichts, Entzündung unklaren Ursprungs
✧ **dunkle Seite:** sehr undiplomatisch, Allergie

7 Schlange

✧ kreative Frau
✧ diplomatische Frau

8 Sarg

✧ gutartiges Geschwür (Pickel, Zyste, Myom, Abszess)
✧ Heilkraut zeigt keine Wirkung mehr, aber Heilung ist möglich*
✧ Sache, die nicht in Ordnung ist

10 Sense

✧ **davor:** Zynismus, beißender Humor
✧ **danach:** überraschendes/nettes Treffen/Miteinander

11 Ruten

✧ flirten
✧ Begabung zum »Besprechen«

12 Vögel

✧ Treffen fällt nicht ganz so aus wie gewünscht

9 Blumen
in Verbindung mit:

13 Kind

- kreatives Kind
- kleines Geschenk
- Gabe

14 Fuchs

- falsche Freundlichkeit

15 Bär

- charmanter Mann
- wirksames Medikament

16 Sterne

- Heilung
- Heilkräfte
- Hellsichtigkeit

17 Störche

- kreative Hobbys
- verschiedene Interessen

18 Hund

- Geschenk von Freund/Freundin
- mehr als Freundschaft: Flirt

19 Turm

- Heilberufe (Apotheker, Heilpraktiker u. ä.)

20 Park

- Veranstaltung
- Fest

21 Berg

- Grüße kommen nicht an
- Geschenk, das nicht ankommt
- mit Diplomatie nicht weiterkommen

22 Wege

- Vergleich
- diplomatische Entscheidung

23 Mäuse

- **davor:** unfreundlich/undiplomatisch
- **danach:** kein Vergleich möglich

24 Herz

- Flirt
- Charme

9 Blumen
in Verbindung mit:

25 Ring
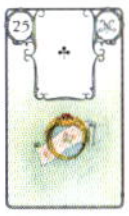

- Verlobung
- kreative Verbindung

26 Buch

- heimliches Treffen
- heimliche/r Verehrer/in

27 Brief

- erfreuliche Nachricht
- Einladung

28 Herr/29 Dame

- charmant
- kreativ

30 Lilien

- »Blümchensex«
- Familientreffen

31 Sonne
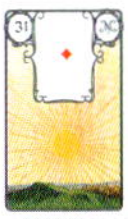

- hervorragende Aussicht
- freudiges Ereignis
- Heilenergien

32 Mond

- Bachblüten
- Aromatherapie
- nervenberuhigendes Naturmittel

33 Schlüssel

- Treffen findet statt
- Einladung kommt

34 Fische

- Geldgeschenk
- ideelles Geschenk

35 Anker

- kreative Arbeit

36 Kreuz
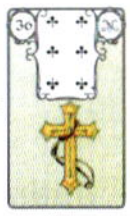

- **davor:** Diplomatie/ Charme wird eingesetzt
- **danach:** mit Diplomatie/Charme nichts erreichen
- **darüber:** sich in Diplomatie üben

10 Sense
in Verbindung mit:

1 Reiter

✧ **davor:** plötzliche Besserung, plötzlicher Fortschritt
✧ **danach:** Schaden durch zu viel Eifer

2 Klee

✧ **davor:** plötzliches Glück, plötzliche Wende zum Guten
✧ **danach:** in den nächsten Tagen Vorsicht walten lassen (Konzentration)

3 Schiff

✧ **davor:** plötzliche Reise/Aufbruch/Fahrt
✧ **danach:** gefährliche Fahrt/Reise

4 Haus

✧ **davor:** plötzliche Stabilität
✧ **danach:** körperlicher Schmerz, Wohnraum ist gefährdet

5 Baum

✧ **davor:** plötzliche Ruhe, langsames Wachstum ist möglich
✧ **danach:** angegriffene Gesundheit

6 Wolken

✧ **davor:** sich plötzlich bedroht fühlen
✧ **danach:** verletzte Seele

7 Schlange

✧ **davor:** Frau taucht auf
✧ **danach:** Frau mit niedriger Reizschwelle

8 Sarg

✧ **davor:** plötzliches Ende
✧ **danach:** schmerzhafter Eingriff, Scheiden tut weh

9 Blumen

✧ **davor:** überraschendes/nettes Treffen/Miteinander
✧ **danach:** Zynismus, beißender Humor

11 Ruten

✧ **davor:** plötzliche Auseinandersetzung, plötzlicher Rat
✧ **danach:** Gespräche, die verletzen; schmerzhafte Entgleisung

10 Sense
in Verbindung mit:

12 Vögel

- **davor:** plötzliche Aufregung, Ärger aus dem Nichts heraus
- **danach:** gefährliche Stresssituation, die verletzen kann

13 Kind

- **davor:** plötzlicher Neuanfang
- **danach:** Sticheleien, gefährliche Naivität/Arglosigkeit

14 Fuchs

- **davor:** Abzocke, plötzlich läuft etwas schief
- **danach:** Gemeinheiten/ Betrug ausgesetzt

15 Bär

- **davor:** Mann taucht plötzlich auf
- **danach:** Mann mit niedriger Reizschwelle

16 Sterne

- **davor:** Geistesblitz, plötzliche Klarheit
- **danach:** sich vom Himmel bestraft fühlen

17 Störche

- **davor:** plötzliche Veränderung
- **danach:** schmerzhafte Veränderung

18 Hund

- **davor:** Freund taucht plötzlich auf
- **danach:** Freund mit niedriger Reizschwelle

19 Turm

- **davor:** plötzliche Trennung
- **danach:** schmerzhafte Trennung

20 Park

- **davor:** plötzlich im Mittelpunkt des Interesses sein
- **danach:** Gefahr in der Öffentlichkeit, nichts riskieren

10 Sense
in Verbindung mit:

21 Berg

- **davor:** plötzlich auftauchendes Hindernis
- **danach:** schmerzhaftes Hindernis (Aufprall/Zusammenstoß), schmerzhafte Blockade (Kopf-/Zahnschmerz/Beule)

22 Wege

- **davor:** plötzliche Entscheidung
- **danach:** Entscheidung schmerzt

23 Mäuse

- **davor:** plötzlicher Verlust
- **danach:** Gefahr gebannt

24 Herz

- **davor:** plötzlich wird alles gut
- **danach:** Herzschmerz

25 Ring

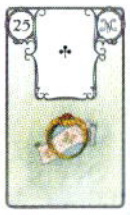

- **davor:** Verbindung kommt plötzlich zustande
- **danach:** schmerzhafte Verbindung, gefährdete Beziehung

26 Buch

- **davor:** plötzlich kommt es anders als erwartet
- **danach:** unerträgliches Geheimnis

27 Brief

- **davor:** plötzliche Nachrichten/Kommunikation
- **danach:** verletzende Nachrichten/Kommunikation

28 Herr

- **davor:** Mann/Partner taucht plötzlich auf
- **danach:** Mann/Partner mit niedriger Reizschwelle

29 Dame

- **davor:** Frau/Partnerin taucht plötzlich auf
- **danach:** Frau/Partnerin mit niedriger Reizschwelle

10 Sense
in Verbindung mit:

30 Lilien

- ✧ **davor:** überraschendes Familientreffen/Familienglück überraschendes sexuelles Erlebnis
- ✧ **danach:** schmerzhafter Sex, schmerzhafte Erfahrungen in der Familie

31 Sonne

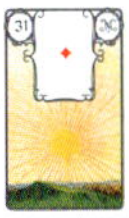

- ✧ **davor:** plötzlich kommt Schwung in eine Sache
- ✧ **danach:** gefährlicher Übermut, gefährliche Sonneneinstrahlung

32 Mond

- ✧ **davor:** plötzliche Melancholie
- ✧ **danach:** emotionale Verletzung, stark angegriffene Nerven

33 Schlüssel

- ✧ Sicherheit stellt sich plötzlich ein
- ✧ **danach:** Gefahr im Verzug, Falle

34 Fische

- ✧ **davor:** plötzliche Geldeinnahmen, plötzlicher Emotionsausbruch
- ✧ **danach:** gefährlicher Umgang mit Geld, verletzte Gefühle

35 Anker

- ✧ **davor:** Arbeit kommt plötzlich, plötzlich loslassen
- ✧ **danach:** gefährlicher Beruf, schmerzhaftes Loslassen

36 Kreuz

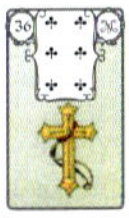

- ✧ **davor:** Schicksalsschlag
- ✧ **danach:** schmerzhaftes Schicksal
- ✧ **darüber:** Vorsicht ist geboten

11 Ruten
in Verbindung mit:

1 Reiter

✧ guter Rat
✧ wichtiger Hinweis

2 Klee

✧ guter Rat
✧ Rat in Kürze

3 Schiff

✧ guter Rat wird Ihnen zuteil
✧ Reiseführer/Reiseinformation
✧ Streitigkeiten wegen/auf einer Fahrt/Reise

4 Haus

✧ Verhandlung/Diskussion/Rat um/für ein/e Haus/Wohnung
✧ Eigentümerversammlung
✧ Mietrecht

5 Baum

✧ rhetorische Begabung
✧ Rat, der langfristig wichtig ist

6 Wolken

✧ **helle Seite:** unklare Anweisungen/Informationen
✧ **dunkle Seite:** großer Streit

7 Schlange

✧ redegewandte Frau
✧ Rechtsanwältin
✧ Brainstorming

8 Sarg

✧ schlechter Rat
✧ Streit durch rechthaberisches Verhalten
✧ große Auseinandersetzung

9 Blumen

✧ flirten
✧ Begabung zum »Besprechen«

10 Sense

✧ **davor:** Gespräche, die verletzen; schmerzhafte Entgleisung
✧ **danach:** plötzliche Auseinandersetzung, plötzlicher Rat

11 Ruten
in Verbindung mit:

12 Vögel

- Provokation
- Eklat
- Zynismus

13 Kind

- kurze Auseinander-setzung
- Klugscheißerei

14 Fuchs

- falscher Rat
- falsche Rechtsprechung

15 Bär

- redegewandter Mann
- Anwalt
- vertrauensvoller Ratgeber

16 Sterne

- spiritueller Rat
- Astrologie

17 Störche

- durch Beratung etwas verändern

18 Hund

- hilfreicher Freund

19 Turm

- Prozess
- rechtsprechende Behörde

20 Park

- öffentliche Diskussionen
- öffentliche Rechtsauskunft

21 Berg

- Information wird blockiert/kommt nicht an
- Rat wird nicht angenommen
- Rat ist sinnlos

22 Wege

- entscheidender Rat
- Rat einholen, dann entscheiden

23 Mäuse

- **davor:** Rat wird nicht/ zu spät angenommen, Information/Rat, die/der nichts bringt
- **danach:** ratlos

11 Ruten
in Verbindung mit:

24 Herz

- Streitigkeiten in der Liebe
- dem Rat des Herzens folgen

25 Ring

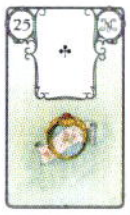

- Streitigkeiten in einer Verbindung
- Ehe-/Beziehungsberatung

26 Buch

- Geheimrat
- Rechtswissen
- Rat wird verschwiegen

27 Brief

- Rechtsbelehrung
- Information kommt per Post

28 Herr/29 Dame

- redegewandt
- gute/r Ratgeber/in

30 Lilien

- Familientherapie
- Verbalerotiker
- Diskussionen im Familienkreis

31 Sonne

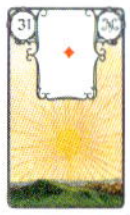

- Erfolgstrainer
- Rat ist Erfolg versprechend

32 Mond

- Rat beruhigt die Nerven
- Psychotherapie

33 Schlüssel

- Rat wird Ihnen zuteil
- Rat bringt Sicherheit

34 Fische

- finanzieller Rat

35 Anker

- mehrere Jobs/ Nebenberufe
- Beratertätigkeit
- strittiges Arbeitsverhältnis

36 Kreuz

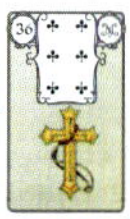

- **davor:** sein Recht fordern
- **danach:** Streit geht vorüber
- **darüber:** fachmännischen Rat einholen

12 Vögel
in Verbindung mit:

1 Reiter

- ✧ aufregendes Ereignis

2 Klee

- ✧ aufregender Moment

3 Schiff

- ✧ Ärger auf/um eine/r Fahrt/Reise
- ✧ stressige Fahrt/Reise

4 Haus

- ✧ Ärger/Schwierigkeiten durch ein Haus
- ✧ Unruhe bleibt vorerst

5 Baum

- ✧ Aufregung/Stress gewohnt sein

6 Wolken

- ✧ **helle Seite:** Stress/Ärgernis nimmt ab
- ✧ **dunkle Seite:** großer Stress/Ärger

7 Schlange

- ✧ Frau, die sich schnell aufregt
- ✧ bei Planung nicht provozieren lassen

8 Sarg

- ✧ Überreiztheit
- ✧ Aufregungen, die Kraft kosten

9 Blumen

- ✧ Treffen fällt nicht ganz so aus wie gewünscht

10 Sense

- ✧ **davor:** gefährliche Stress-situation, die verletzen kann
- ✧ **danach:** plötzliche Aufregung, Ärger aus dem Nichts heraus

11 Ruten

- ✧ Provokation
- ✧ Eklat
- ✧ Zynismus

12 Vögel
in Verbindung mit:

13 Kind

✧ kleinere Aufregungen
✧ Stress wegen Kleinigkeiten

14 Fuchs

✧ übelste Provokation
✧ sich nicht provozieren lassen

15 Bär

✧ provokanter Mann
✧ Mann, der sich schnell aufregt

16 Sterne

✧ aufregend/schön
✧ Tanz*

17 Störche

✧ aufgeregtes Hin und Her
✧ Hektik

18 Hund

✧ Ärger wegen/mit Freund/ Freundeskreis

19 Turm

✧ provozierende Situation führt zur Trennung
✧ ärgerliche Distanz

20 Park

✧ Aufregung in aller Öffentlichkeit/Szene
✧ aufgeregte Meute

21 Berg

✧ Stress, weil Ihnen Steine in den Weg gelegt werden
✧ Vorgesetzter mit sehr schlechter Laune

22 Wege

✧ Kurzschlusshandlung
✧ Entscheidung bringt Ärger

23 Mäuse

✧ **davor:** total genervt/ gestresst sein
✧ **danach:** Ärgernis verschwindet/ löst sich auf

12 Vögel
in Verbindung mit:

24 Herz

- Herzklopfen
- beschleunigter Pulsschlag

25 Ring

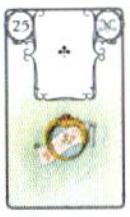

- Ärger in Verbindung/Beziehung
- stressige Verbindung/Beziehung

26 Buch

- unvorhersehbarer Ärger
- gereizt sein, ohne sich der Ursache bewusst zu sein

27 Brief

- aufgeregtes Geschnatter
- Durcheinandergerede
- Nachricht, die verärgert

28 Herr/29 Dame

- schnell aufgeregt
- leicht provozierbar

30 Lilien

- stressige Familie
- blöde Anmache (baggern)

31 Sonne

- Spannung
- spannendes/aufregendes Erlebnis

32 Mond

- Verzweiflung
- total überreizte Nerven

33 Schlüssel

- Ärger, der kaum zu umgehen ist
- mit Sicherheit wird hier provoziert

34 Fische

- Geldsorgen
- Gefühlschaos

35 Anker

- Stress am Arbeitsplatz
- Tratsch/Klatsch am Arbeitsplatz

36 Kreuz

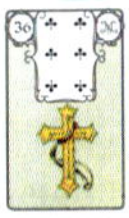

- **davor:** ernsthafte/r Sorgen/Stress
- **danach:** Sorgen/Stress vergehen
- **darüber:** nicht provozieren lassen

13 Kind
in Verbindung mit:

1 Reiter

- erfolgreicher Neuanfang

2 Klee

- Glückskind
- Kinderglück

3 Schiff

- Kind/Jugendlicher kommt auf Sie zu
- Kurztrip

4 Haus

- kleine/s Wohnung/Haus
- kleinwüchsig

5 Baum

- Neuanfang verzögert sich
- Neuanfang noch in diesem Jahr

6 Wolken

- **helle Seite:** schwammiger Neubeginn
- **dunkle Seite:** kein guter Zeitpunkt für Neuanfang, Probleme in der Kindheit

7 Schlange

- jüngere Frau
- neue Pläne

8 Sarg

- kleinere Wehwehchen
- Kind kränkelt
- Neuanfang findet nicht statt

9 Blumen

- kreatives Kind
- kleines Geschenk
- Gabe

10 Sense

- **davor:** Sticheleien, gefährliche Naivität/Arglosigkeit
- **danach:** plötzlicher Neuanfang

11 Ruten

- kurze Auseinandersetzung
- Klugscheißerei

12 Vögel

- kleinere Aufregungen
- Stress wegen Kleinigkeiten

13 Kind
in Verbindung mit:

14 Fuchs

- ✧ Spitzfindigkeit
- ✧ Kavaliersdelikt
- ✧ Kind sagt nicht die Wahrheit

15 Bär

- ✧ jüngerer Mann

16 Sterne

- ✧ natürlicher Instinkt
- ✧ spirituelles Kind

17 Störche

- ✧ kurzfristige Veränderung
- ✧ Veränderung bringt den Neubeginn
- ✧ **Störche + Lilien + Kind:** Schwangerschaft*

18 Hund

- ✧ jüngerer Freund/Bruder
- ✧ neuer/kleiner Freund/ Freundeskreis
- ✧ junger Hund

19 Turm

- ✧ kurze Trennung
- ✧ Kind ist weit entfernt
- ✧ Kind distanziert sich (Pubertät)

20 Park

- ✧ kleine Veranstaltung/ Gesellschaft
- ✧ Kindergarten

21 Berg

- ✧ kleineres Problem
- ✧ gehemmtes/blockiertes Kind

22 Wege

- ✧ Trotzentscheidung
- ✧ neue Entscheidungsmöglichkeit
- ✧ neue Wege gehen

23 Mäuse

- ✧ **davor:** kein schöner Neuanfang
- ✧ **danach:** kein Neuanfang möglich

13 Kind
in Verbindung mit:

24 Herz

- neue Liebe
- kleine Freude
- kinderlieb

25 Ring

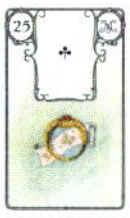

- neue Verbindung/ Beziehung

26 Buch

- kleines Geheimnis
- Neuanfang verzögert sich

27 Brief

- Mitteilung
- Kurznachricht (Chat, sms)

28 Herr/29 Dame

- leichtgläubig
- bockiges/kindisches Verhalten
- jüngere/r Frau/Partnerin oder Mann/Partner

30 Lilien

- kleiner Familienkreis
- jungfräulich, Mädchen

31 Sonne

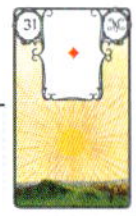

- begabtes Kind
- schöner Neubeginn

32 Mond

- empfindsames Kind
- Neuanfang, der Nerven kostet

33 Schlüssel

- Neuanfang ist sicher

34 Fische

- Kleingeld
- wenig Geld

35 Anker

- neuer Job
- Kurzarbeit/Nebenjob

36 Kreuz

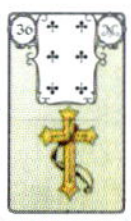

- **davor:** totaler Neuanfang
- **danach:** Neuanfang erstickt im Keim
- **darüber:** fange neu an

14 Fuchs
in Verbindung mit:

1 Reiter

- ✧ trügerische Aussichten
- ✧ Fehler durch zu viel Eifer

2 Klee

- ✧ scheinbares Glück

3 Schiff

- ✧ falscher Zeitpunkt für eine Fahrt/Reise
- ✧ auf der Reise läuft etwas falsch

4 Haus

- ✧ mit diesem Haus stimmt etwas nicht
- ✧ vorgetäuschte Stabilität

5 Baum

- ✧ Lebenslüge
- ✧ Raubbau an der Gesundheit

6 Wolken

- ✧ **helle Seite:** Fehler werden nicht erkannt
- ✧ **dunkle Seite:** großer Fehler; Vorsicht, hier ist etwas faul!

7 Schlange

- ✧ Intrige
- ✧ Frau, mit der etwas nicht stimmt

8 Sarg

- ✧ Schwierigkeiten sind nicht so schlimm, wie gedacht
- ✧ bösartige Intrigen
- ✧ etwas zu beenden wäre falsch

9 Blumen

- ✧ falsche Freundlichkeit

10 Sense

- ✧ **davor:** Gemeinheiten und Betrug ausgesetzt sein
- ✧ **danach:** Abzocke, plötzlich läuft etwas schief

11 Ruten

- ✧ falscher Rat
- ✧ falsche Rechtsprechung

12 Vögel

- ✧ übelste Provokation
- ✧ sich nicht provozieren lassen

14 Fuchs
in Verbindung mit:

13 Kind

- Spitzfindigkeit
- Kavaliersdelikt
- Kind sagt nicht die Wahrheit

15 Bär

- Mann, der es mit der Wahrheit nicht so genau nimmt

16 Sterne

- **davor:** guter Instinkt
- **danach:** falscher Umgang mit kosmischen Kräften

17 Störche

- Fehler, der alles verändert
- Veränderung bringt nichts Gutes

18 Hund

- falscher Freund

19 Turm

- schwerer Fehler, den man büßt
- Trennung/Distanz soll nicht sein/ wäre falsch

20 Park

- falscher Umgang

21 Berg

- Problem wird größer angesehen, als es tatsächlich ist

22 Wege

- falsche Entscheidung

23 Mäuse

- **davor:** schwerwiegender Fehler
- **danach:** Fehler/Falsches löst sich auf

24 Herz

- Liebe wird ausgenutzt
- übertriebene Liebesmüh'

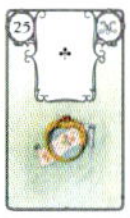

25 Ring

- mit Verbindung/ Beziehung stimmt etwas nicht
- unaufrichtige Verbindung/ Beziehung

14 Fuchs
in Verbindung mit:

26 Buch

- ✧ Geheimnis wird verraten
- ✧ Verrat

27 Brief

- ✧ unwahre Nachricht
- ✧ falsche Kommunikation

28 Herr/29 Dame

- ✧ Mann/Partner
  oder Frau/Partnerin ist nicht recht zu trauen

30 Lilien

- ✧ falscher Umgang mit Sexualität/Familie
- ✧ sich betrogen fühlen

31 Sonne

- ✧ gewitztes Verhalten
- ✧ der Schein trügt

32 Mond

- ✧ unnötige Grübeleien
- ✧ Nerven unnötig strapazieren

33 Schlüssel

- ✧ etwas läuft mit Sicherheit falsch
- ✧ Fehler/Betrug ist kaum zu vermeiden
- ✧ mit Sicherheit fühlt man sich betrogen

34 Fische

- ✧ falscher Umgang mit Geld
- ✧ Vorsicht vor Falschgeld

35 Anker

- ✧ falscher Arbeitsplatz
- ✧ Fehler im Arbeitsbereich

36 Kreuz

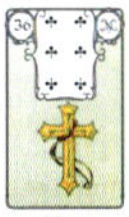

- ✧ **davor: schwerer Fehler**
- ✧ **danach:** Falschheit/Fehler löst sich auf
- ✧ **darüber:** aus Fehlern lernen/ernten, was gesät wurde

15 Bär
in Verbindung mit:

1 Reiter

- Mann kommt auf Sie zu
- Vertrauen bringt Sie weiter

2 Klee

- Verbindung mit diesem Mann ist Glück verheißend

3 Schiff

- Mann kommt Ihnen entgegen

4 Haus

- zuverlässiger Mann
- Mann mit ausgeprägtem Sicherheitsbedürfnis

5 Baum

- guter Gesundheitszustand
- ruhiger, naturverbundener Mann
- Mann, der länger braucht, um voranzukommen

6 Wolken

- **helle Seite:** Mann, der keinen Druck oder schlechte Nachrichten verträgt; angeschlagener Selbstwert
- **dunkle Seite:** kein Vertrauen/ Selbstbewusstsein, Mann hat Probleme mit sich selbst

7 Schlange

- vertrauenswürdige Frau
- intelligenter Mann

8 Sarg

- kein Selbstbewusstsein
- Mann, der einem die Kraft raubt

9 Blumen

- charmanter Mann
- wirksames Medikament

10 Sense

- **davor:** Mann mit niedriger Reizschwelle
- **danach:** Mann taucht plötzlich auf

15 Bär
in Verbindung mit:

11 Ruten

- redegewandter Mann
- Anwalt
- vertrauensvoller Ratgeber

12 Vögel

- provokanter Mann
- Mann, der sich schnell aufregt

13 Kind

- jüngerer Mann
- geringes Selbstvertrauen

14 Fuchs

- Mann, der es mit der Wahrheit nicht so genau nimmt

16 Sterne

- spiritueller Lehrer/ Begleiter
- Vertrauen in die Spiritualität/ den Himmel

17 Störche

- unsteter Mann
- mehrere Männer

18 Hund

- hilfsbereiter Mann
- gute, starke Freundschaft

19 Turm

- unnahbarer Mann
- dominanter Mann
- Chef/hoher Vorgesetzter

20 Park

- extrovertierter/offener Mann

21 Berg

- schwieriger Mann
- Chef

22 Wege

- entscheidungsfreudiger Mann
- Vertrauen in/durch Entscheidung

15 Bär
in Verbindung mit:

23 Mäuse

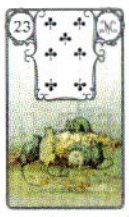

- **davor:** unangenehmer Mann
- **danach:** verärgerter/besorgter Mann (etwas nagt an ihm)

24 Herz

- leidenschaftliche Liebe bis hin zu Eifersucht
- herzlicher Mann

25 Ring

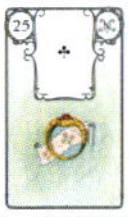

- gebundener Mann (woran, siehe Folgekarte)
- vertraglich/gefühlsmäßig gebunden

26 Buch

- schweigsamer Mann
- Mann, der die Dinge mit sich selbst ausmacht

27 Brief

- kommunikativer Mann
- Mann, der die Dinge eher locker sieht

28 Herr/29 Dame

- starke Persönlichkeit
- besitzt Führungsqualitäten

30 Lilien

- sehr anziehender Mann
- starker Familienbund

31 Sonne

- vital/kraftvoll
- dynamischer Mann
- willensstarker Mann

32 Mond

- empfindsamer/melancholischer Mann
- starke Nerven

33 Schlüssel

- sicheres Auftreten
- zuverlässiger/sicherheitsbedürftiger Mann

15 Bär
in Verbindung mit:

34 Fische

- ✧ finanziell versorgt sein
- ✧ einfühlsamer Mann

35 Anker

- ✧ netter/fairer Chef
- ✧ Klammeraffe

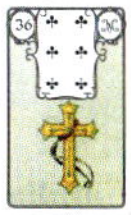

36 Kreuz

- ✧ **davor:** Vertrauen/Selbstvertrauen wird aufgebaut
- ✧ **danach:** kein Vertrauen/Selbstvertrauen mehr
- ✧ **darüber:** Vertrauen/Selbstvertrauen muss aufgebaut/erarbeitet werden

16 Sterne
in Verbindung mit:

1 Reiter

- gute Aussichten auf Erfolg
- spirituelle Entwicklung

2 Klee

- Glücksphase
- Klarheit in Kürze

3 Schiff

- spirituelle Reise
- phantastische Reise

4 Haus

- Traumhaus/-wohnung
- Körper und Geist sind im Einklang
- phantastische Ausgangssituation

5 Baum

- spirituelles Leben

6 Wolken

- **helle Seite:** Suchtgefährdung, Durchblick verloren haben
- **dunkle Seite:** völlige Verwirrung, Glauben verloren haben, falscher Umgang mit spirituellen Kräften

7 Schlange

- Astrologin
- brillante/r Idee/Plan

8 Sarg

- Medialität
- Ende wird als Befreiung angesehen

9 Blumen

- Hellsichtigkeit
- Heilung
- Heilkräfte

10 Sense

- **davor:** sich vom Himmel bestraft fühlen
- **danach:** plötzliche Klarheit, Geistesblitz

16 Sterne
in Verbindung mit:

11 Ruten

- spiritueller Rat
- Astrologie

12 Vögel

- aufregend/schön
- Tanz*

13 Kind

- natürlicher Instinkt
- spirituelles Kind

14 Fuchs

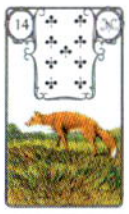

- **davor:** falscher Umgang mit kosmischen Kräften
- **danach:** guter Instinkt

15 Bär

- spiritueller Lehrer/Begleiter
- Hilfe bei Spiritualität und Glaube

17 Störche

- Erfolg durch Veränderung
- spirituelle Interessen

18 Hund

- gläubiger/spiritueller Begleiter/Freund
- Vertrauen in die Spiritualität, den Himmel

19 Turm

- bahnbrechendes Erlebnis/Ereignis
- Arzt
- Pionier

20 Park

- spirituelle/s Gemeinschaft/Umfeld
- Kunst

21 Berg

- Vergesslichkeit
- blockiertes Kronenchakra

22 Wege

- klare Entscheidung/Entscheidungsmöglichkeit
- Einweihung

16 Sterne
in Verbindung mit:

23 Mäuse

- **davor:** Trugbild (keine Vision)
- **danach:** Durchblick verloren

24 Herz

- erfüllende Liebe
- kosmische Liebe
- Engelarbeit

25 Ring

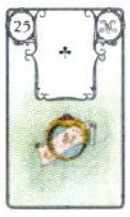

- erfüllende Verbindung/ Beziehung
- kosmische Verbindung/ Beziehung

26 Buch

- spirituelles Wissen
- astrologisches Wissen
- Weiterbildung

27 Brief

- klare Kommunikation
- spirituelle Botschaft

28 Herr/29 Dame

- spirituell
- religiös
- braucht klare Situationen

30 Lilien

- sexuelle Erfüllung
- spirituelle Familie
- feinstoffliche Energie

31 Sonne

- Telepathie
- Medialität
- Hellsicht
- Sonnengeflecht (Chakra)

32 Mond

- Meditation
- Spiritualität

33 Schlüssel

- erleuchtende Einsicht
- sicherer Umgang mit kosmischen Kräften

16 Sterne
in Verbindung mit:

34 Fische

- ✧ Hellfühligkeit

35 Anker

- ✧ erfüllender Beruf
- ✧ spirituelle Arbeit/Selbstverwirklichung

36 Kreuz

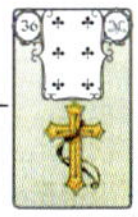

- ✧ **davor:** totale Klarheit/Spiritualität/Einsicht
- ✧ **danach:** Klarheit um das, was zu Ende geht
- ✧ **darüber:** Klärung/Spiritualität ist als Aufgabe zu sehen

17 Störche
in Verbindung mit:

Störche vor dem Bild: *die Veränderung bringt/bewirkt das Nachfolgende*
Störche nach dem Bild: *das, was zur Veränderung führt*

1 Reiter

- ✧ Veränderung bringt Fortschritt
- ✧ Aktivität bringt Veränderung

2 Klee

- ✧ positive Veränderung

3 Schiff

- ✧ mehrere Fahrten/Reisen
- ✧ Fahrt/Reise bringt Veränderung

4 Haus

- ✧ Umzug/Umbau/Renovierung
- ✧ mehrere Grundlagen
- ✧ ***darüber:*** wackelige Basis

5 Baum

- ✧ veränderungsreiches Jahr
- ✧ abwechslungsreiches Leben
- ✧ nicht zur Ruhe kommen

6 Wolken

- ✧ **helle Seite:** Veränderung, die nicht viel bringt, Veränderungsalternativen sind unklar
- ✧ **dunkle Seite:** Veränderung zum Schlechten

7 Schlange

- ✧ Frau, die sich zerrissen fühlt
- ✧ rationales Vorgehen bringt die Veränderung

8 Sarg

- ✧ Veränderung zieht ein sicheres Ende nach sich
- ✧ Abschluss bringt Veränderung

9 Blumen

- ✧ verschiedene Interessen
- ✧ kreative Hobbys

17 Störche
in Verbindung mit:

10 Sense

- **davor:** schmerzhafte Veränderung
- **danach:** plötzliche Veränderung

11 Ruten

- durch Beratung etwas verändern

12 Vögel

- aufgeregtes Hin und Her
- Hektik

13 Kind

- kurzfristige Veränderung
- Veränderung bringt den Neubeginn
- ***dazu Lilien:*** Schwangerschaft

14 Fuchs

- Fehler, der alles verändert
- Veränderung bringt nichts Gutes

15 Bär

- unsteter Mann
- mehrere Männer

16 Sterne

- Erfolg durch Veränderung
- spirituelle Interessen

18 Hund

- Freund fühlt sich zerrissen
- unsteter Freund/Freundeskreis

19 Turm

- mehrfache Trennungen

20 Park

- mehrere Gesellschaften
- Veränderung im Umfeld

21 Berg

- mehrere Hindernisse

22 Wege

- Unentschlossenheit
- mehrere Möglichkeiten

23 Mäuse

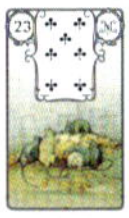

- **davor:** neg. Veränderung
- **danach:** keine Veränderung

17 Störche
in Verbindung mit:

24 Herz

- mehrere Liebschaften

25 Ring
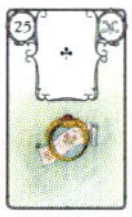

- mehrere Verbindungen/ Beziehungen

26 Buch

- unvorhergesehene Veränderung
- Veränderung ist nicht absehbar

27 Brief

- mehrere/verschiedene Kontakte/Mitteilungen

28 Herr/29 Dame

- unstet
- fühlt sich zerrissen
- launisch

30 Lilien

- mehrere/verschiedene sexuelle Kontakte
- **Störche + Lilien + Kind:** Schwangerschaft*

31 Sonne
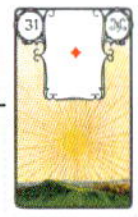

- positive Veränderung

32 Mond

- nervlich angespannt

33 Schlüssel

- Veränderung ist sicher

34 Fische

- finanzielle Veränderung
- schwankende Finanzsituation
- launisch

35 Anker

- Zeitarbeit
- Veränderung im beruflichen Bereich

36 Kreuz

- **davor:** entscheidende Veränderung kommt
- **danach:** keine Veränderung mehr zu erwarten
- **darüber:** etwas verändern/neuen Weg einschlagen

18 Hund
in Verbindung mit:

1 Reiter

✧ Freund/Bruder/Freundeskreis steht hilfreich zur Seite

2 Klee

✧ gute Freundschaft

3 Schiff

✧ Freund/Bruder kommt auf Sie zu
✧ entspannte Fahrt/Reise

4 Haus

✧ stabile Freundschaft
✧ Gästezimmer

5 Baum

✧ Freundschaft fürs Leben

6 Wolken

✧ **helle Seite:** Freundschaft, an der man arbeiten sollte; Geduld aufzubringen fällt schwer
✧ **dunkle Seite:** gefährdete Freundschaft, keine Geduld

7 Schlange

✧ gute Freundin
✧ hilfsbereite Frau

8 Sarg

✧ Freund/Bruder geht es nicht gut
✧ mit der Freundschaft stimmt etwas nicht

9 Blumen

✧ Geschenk von Freund/Freundin
✧ mehr als Freundschaft: Flirt

10 Sense

✧ **davor:** Freund mit niedriger Reizschwelle
✧ **danach:** Freund taucht plötzlich auf

11 Ruten

✧ hilfreicher Freund

18 Hund
in Verbindung mit:

12 Vögel

- ✧ Ärger wegen/mit Freund/ Freundeskreis

13 Kind

- ✧ jüngerer Freund/Bruder/ Freundeskreis
- ✧ neuer Freund/Freundeskreis
- ✧ junger Hund

14 Fuchs

- ✧ falscher Freund

15 Bär

- ✧ hilfsbereiter Mann
- ✧ gute, starke Freundschaft

16 Sterne

- ✧ gläubiger/spiritueller Begleiter/Freund
- ✧ Hilfe bei Spiritualität und Glaube

17 Störche

- ✧ unsteter Freund/ Freundeskreis
- ✧ Freund fühlt sich zerrissen

19 Turm

- ✧ Freund/Freundeskreis distanziert sich
- ✧ Freund/Freundeskreis ist weit weg

20 Park

- ✧ befreundete Gruppen
- ✧ größerer Freundes-/ Bekanntenkreis

21 Berg

- ✧ schwieriger Freund
- ✧ Hürden mit Geduld überwinden

22 Wege

- ✧ mit Entscheidung abwarten
- ✧ Entscheidung erfordert Geduld

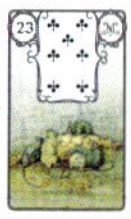

23 Mäuse

- ✧ **davor:** Ungeduld
- ✧ **danach:** Freundschaft geht verloren

24 Herz

- ✧ aufrichtige Freundschaft
- ✧ Hausfreund

18 Hund
in Verbindung mit:

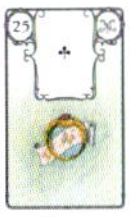

25 Ring

- Freund/Freundeskreis fühlt sich verpflichtet/gebunden
- freundschaftliche Verbindung
- andauernde Verbindung

26 Buch

- Freund/Freundeskreis verschweigt etwas

27 Brief

- Nachricht von/über Freund/Freundeskreis
- Geduld haben: Nachricht kommt

28 Herr/29 Dame

- lieb
- treu

30 Lilien

- Treue
- Freund für gewisse Stunden

31 Sonne

- Erfolgsphase hält an
- bereichernde Freundschaft

32 Mond

- tiefe Freundschaft
- feinfühliger/empfindlicher Freund

33 Schlüssel

- mit Geduld fällt Ihnen alles von selbst zu
- zuverlässige Freundschaft

34 Fische

- Geldanlage
- mitfühlender Freund/ Freundeskreis

35 Anker

- Freund klammert
- Dienstleistungsgewerbe
- fester/dauerhafter Arbeitsplatz

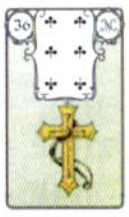

36 Kreuz

- **davor:** Geduld wird auf die Probe gestellt
- **danach:** das Warten ist vorbei
- **darüber:** Geduld/abwarten ist die Aufgabe

19 Turm
in Verbindung mit:

1 Reiter

- ✧ Trennungsgedanken/ über eine Trennung nachdenken
- ✧ Grenzen überwinden
- ✧ Beförderung

2 Klee

- ✧ kurze Trennungsphase
- ✧ Abstand halten wirkt sich positiv aus

3 Schiff

- ✧ Fahrt/Reise über Grenze

4 Haus

- ✧ Hochhaus*
- ✧ Isolation

5 Baum

- ✧ hohe Lebenserwartung
- ✧ Eremitendasein
- ✧ einsames Leben

6 Wolken

- ✧ **helle Seite:** sich allein gelassen fühlen, Trennung ist noch nicht entschieden/löst sich auf
- ✧ **dunkle Seite:** schwerer Weg; Trennung, die schwerfällt

7 Schlange

- ✧ dominante Frau
- ✧ distanzierte Frau

8 Sarg

- ✧ etwas wird total beendet
- ✧ Anstalt, in der man isoliert ist

9 Blumen

- ✧ Heilberufe (Apotheker, Heilpraktiker u. ä.)

10 Sense

- ✧ **davor:** schmerzhafte Trennung
- ✧ **danach:** plötzliche Trennung

19 Turm
in Verbindung mit:

11 Ruten

✧ rechtsprechende Behörde
✧ Prozess

12 Vögel

✧ provozierende Situation führt zur Trennung
✧ ärgerliche Distanz

13 Kind

✧ kurze Trennung
✧ Kind ist weit entfernt
✧ Kind distanziert sich (Pubertät)

14 Fuchs

✧ schwerer Fehler, den man büßt
✧ Trennung/Distanz soll nicht sein/wäre falsch

15 Bär

✧ unnahbarer Mann
✧ dominanter Mann
✧ Chef/hoher Vorgesetzter

16 Sterne

✧ bahnbrechendes Erlebnis/ Ereignis
✧ Arzt
✧ Pionier

17 Störche

✧ mehrfache Trennungen

18 Hund

✧ Freund/Freundeskreis distanziert sich
✧ Freund/Freundeskreis ist weit weg

20 Park

✧ öffentliches Gebäude
✧ Behörde

21 Berg

✧ totaler Stillstand
✧ kein Fortkommen möglich

22 Wege

✧ egoistische Entscheidung
✧ sich für Trennung/Distanz entscheiden

19 Turm
in Verbindung mit:

23 Mäuse

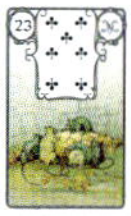

- **davor:** Trennung/Alleinsein fällt zunehmend schwer
- **danach:** Trennung/Distanz löst sich auf

24 Herz

- einsames Herz
- sich alleingelassen fühlen

25 Ring

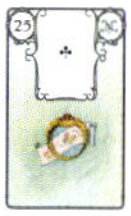

- Trennung

26 Buch

- Amt
- Standesamt
- von Amts wegen

27 Brief

- Nachricht, die zurückwirft
- offizielle Nachricht (Behörde)

28 Herr/29 Dame

- distanziert
- durchsetzungsfähig
- kühl

30 Lilien

- kein Zugang zur weiblichen Seite
- Trennung von der Familie
- kein Sex

31 Sonne

- Energieschub
- bahnbrechender Erfolg
- Durchbruch

32 Mond

- einsame Nächte
- psychiatrische/therapeutische Einrichtung

33 Schlüssel

- Trennung/Rückzug/Distanz ist kaum zu verhindern

19 Turm
in Verbindung mit:

34 Fische

- ✧ Bank
- ✧ gefühlsmäßige Einsamkeit

35 Anker

- ✧ Arbeitsamt
- ✧ selbstständige Tätigkeit
- ✧ Kündigung

36 Kreuz

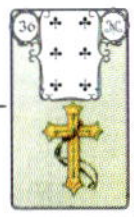

- ✧ **davor:** Trennung/Distanz/Rückzug kommt
- ✧ **danach:** Phase des/der Allein-seins/Isolation ist vorbei
- ✧ **darüber:** sich auf Trennung/Distanz/Eigenverantwortung einstellen

20 Park
in Verbindung mit:

1 Reiter

- guter/s Ruf/Ansehen in der Öffentlichkeit
- an einer öffentlichen Veranstaltung teilnehmen

2 Klee

- gutes/r Ansehen/Ruf
- zum richtigen Zeitpunkt am richtigen Ort sein

3 Schiff

- Reiseveranstaltung

4 Haus

- Wohnanlage
- öffentlich zugängliches Gebäude

5 Baum

- wohltätige Einrichtung
- Naturschutzgebiet

6 Wolken

- **helle Seite:** unklare Verhältnisse
- **dunkle Seite:** falscher Umgang

7 Schlange

- extrovertierte/offene Frau
- Pläne werden veröffentlicht

8 Sarg

- Gesellschaft, in der man sich nicht wohlfühlt
- negativer Einfluss von außen
- Krankenhaus

9 Blumen

- Veranstaltung
- Fest

10 Sense

- **davor:** Gefahr in der Öffentlichkeit, nichts riskieren
- **danach:** sich plötzlich im Mittelpunkt des Interesses befinden

11 Ruten

- öffentliche Veranstaltung: Vortrag/Theater
- öffentliche Rechtsauskunft

20 Park
in Verbindung mit:

12 Vögel

- Aufregung in aller Öffentlichkeit/Szene
- aufgeregte Menge/Meute

13 Kind

- kleine Veranstaltung/Gesellschaft
- Kindergarten

14 Fuchs

- falscher Umgang

15 Bär

- extrovertierter/offener Mann

16 Sterne

- spirituelle/s Gemeinschaft/Umfeld
- Kunst

17 Störche

- mehrere Gesellschaften
- Veränderung im Umfeld

18 Hund

- befreundete Gruppen
- größerer Freundes-/Bekanntenkreis

19 Turm

- öffentliches Gebäude
- Behörde

21 Berg

- Hemmungen vor Menschenmengen
- Sperre/Sperrung
- von der Gesellschaft ausgeschlossen

22 Wege

- öffentliche Entscheidung
- Bescheid
- Veröffentlichung

23 Mäuse

- **davor:** Ansehen/Ruf leidet
- **danach:** unter Ausschluss der Öffentlichkeit

20 Park
in Verbindung mit:

24 Herz

- Hilfsbereitschaft
- liebevolles Miteinander
- soziales Engagement

25 Ring

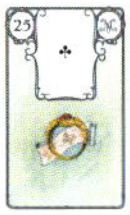

- Bekanntmachung
- offizielle Verbindung
- Verbindung zur Öffentlichkeit

26 Buch

- Geheimgesellschaft (Orden)
- Geheimdienst*

27 Brief

- Bekanntmachung

28 Herr/29 Dame

- extrovertiert
- offen

30 Lilien

- Friedensversammlung
- Familientreffen

31 Sonne

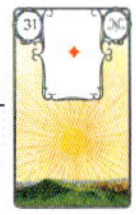

- gehobene Gesellschaft
- erfolgreiche Gesellschaft/Firma

32 Mond

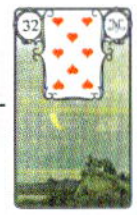

- Sanatorium
- Abendveranstaltung

33 Schlüssel

- sicheres/r Umfeld/Bereich
- etwas gelangt an die Öffentlichkeit

34 Fische

- Geldinstitut
- öffentliche Gelder

35 Anker

- Publikumsverkehr
- Öffentlichkeitsarbeit
- darstellende Berufe

36 Kreuz

- **davor:** Öffentlichkeit
- **danach:** Rückzug aus der Öffentlichkeit
- **darüber:** sich zu etwas bekennen

21 Berg
in Verbindung mit:

1 Reiter

- ✧ Fortschritt nur durch Alternativen möglich
- ✧ Problem, das sich als doch nicht so groß herausstellt

2 Klee

- ✧ Blockade hält nicht lange an
- ✧ Hindernis, das einen Sinn hat

3 Schiff

- ✧ Fahrt/Reise wird verhindert
- ✧ Fahrt/Reise in die Berge

4 Haus

- ✧ schwer zugängliches Haus
- ✧ Haus in den Bergen (Hütte)

5 Baum

- ✧ hindernisreiches Leben
- ✧ Schwierigkeiten gewohnt
- ✧ blockiertes Wurzelchakra

6 Wolken

- ✧ **helle Seite:** Hindernisse/Schwierigkeiten lösen sich langsam auf, Hindernisse/Schwierigkeiten werden nicht erkannt
- ✧ **dunkle Seite:** große Hindernisse/Schwierigkeiten

7 Schlange

- ✧ völlig blockiertes Denken
- ✧ Pläne/Vorhaben werden blockiert

8 Sarg

- ✧ Trauer wird verdrängt
- ✧ absoluter Stillstand: nichts geht mehr

9 Blumen

- ✧ Grüße kommen nicht an
- ✧ Geschenk, das nicht ankommt
- ✧ mit Diplomatie nicht weiterkommen

21 Berg
in Verbindung mit:

10 Sense

- **davor:** schmerzhaftes Hindernis (Aufprall/Zusammenstoß); schmerzhafte Blockade (Kopf-/Zahnschmerz/Beule)
- **danach:** plötzlich auftauchendes Hindernis

11 Ruten

- Information wird blockiert/kommt nicht an
- Rat wird nicht angenommen
- Rat ist sinnlos

12 Vögel

- Stress, weil Ihnen Steine in den Weg gelegt werden
- Vorgesetzter mit sehr schlechter Laune

13 Kind

- kleineres Problem
- gehemmtes/blockiertes Kind

14 Fuchs

- Problem wird größer angesehen, als es tatsächlich ist

15 Bär

- schwieriger Mann
- Chef

16 Sterne

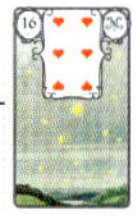

- Vergesslichkeit
- blockiertes Kronenchakra

17 Störche

- mehrere Hindernisse

18 Hund

- schwieriger Freund
- Hürden mit Geduld überwinden

19 Turm

- totaler Stillstand
- kein Fortkommen möglich

20 Park

- Hemmungen vor Menschenmengen
- Sperre/Sperrung
- von der Gesellschaft ausgeschlossen

21 Berg
in Verbindung mit:

22 Wege

- ✧ Widerspruch
- ✧ Entscheidung wird blockiert
- ✧ keine Entscheidungsfreiheit

23 Mäuse

- ✧ **davor:** sehr unangenehme Schwierigkeiten
- ✧ **danach:** Schwierigkeiten lösen sich auf

24 Herz

- ✧ Probleme, Liebe zu zeigen/anzunehmen
- ✧ Herzbeschwerden
- ✧ blockiertes Herzchakra

25 Ring

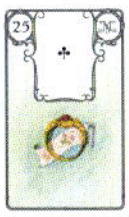

- ✧ keine Möglichkeit, eine Bindung einzugehen
- ✧ nicht bindungsfähig
- ✧ schwierige Verbindung

26 Buch

- ✧ unerwartetes Hindernis
- ✧ Blockade unbestimmten Ursprungs

27 Brief

- ✧ Nachrichtensperre
- ✧ Nachricht kommt nicht an

28 Herr/29 Dame

- ✧ frustriert
- ✧ gehemmt
- ✧ stur

30 Lilien

- ✧ sexuelle Probleme
- ✧ blockiertes Sakralchakra

31 Sonne

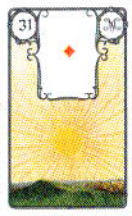

- ✧ Energieblockade
- ✧ Hürden erfolgreich meistern

32 Mond

- ✧ Verklemmtheit
- ✧ anstrengende/r Nacht/Abend

33 Schlüssel

- ✧ Problem, das schwer zu umgehen ist

21 Berg
in Verbindung mit:

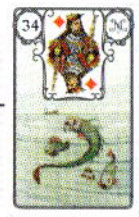

34 Fische

- ✧ finanzielle Schwierigkeiten
- ✧ Kontosperre
- ✧ Schwierigkeiten, Gefühle zu zeigen

35 Anker

- ✧ berufliche Schwierigkeiten
- ✧ Loslassen bereitet Probleme

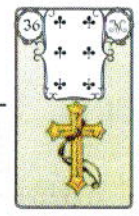

36 Kreuz

- ✧ **davor:** massive Schwierigkeiten
- ✧ **danach:** Probleme lösen sich auf
- ✧ **darüber:** nach Alternativen suchen

22 Wege
in Verbindung mit:

1 Reiter

✧ gute Entscheidung

2 Klee

✧ baldige/kurzfristige Entscheidung

3 Schiff

✧ Entscheidungsmöglichkeiten kommen
✧ Reiseentscheidung

4 Haus

✧ Zweitwohnsitz
✧ sich überall zu Hause fühlen
✧ Stabilität wählen

5 Baum

✧ langfristige Entscheidung
✧ Entscheidung braucht Zeit

6 Wolken

✧ **helle Seite:** unklare Entscheidung
✧ **dunkle Seite:** Entscheidung, die sich sehr ungünstig auswirkt

7 Schlange

✧ über Umwege zu einer Entscheidung gelangen
✧ logische Entscheidung

8 Sarg

✧ vorschnelle Entscheidung bewirkt nichts Gutes
✧ keine Wahl haben

9 Blumen

✧ Vergleich
✧ diplomatische Entscheidung

10 Sense

✧ **davor:** Entscheidung schmerzt
✧ **danach:** plötzliche Entscheidung

11 Ruten

✧ entscheidender Rat
✧ Rat einholen, dann entscheiden

22 Wege
in Verbindung mit:

12 Vögel

- ✧ Entscheidung bringt Ärger
- ✧ Kurzschlusshandlung

13 Kind

- ✧ Trotzentscheidung
- ✧ neue Entscheidungsmöglichkeit
- ✧ neue Wege gehen

14 Fuchs

- ✧ falsche Entscheidung

15 Bär

- ✧ entscheidungsfreudiger Mann
- ✧ Vertrauen in/durch Entscheidung

16 Sterne

- ✧ klare Entscheidung/ Entscheidungsmöglichkeit Einweihung

17 Störche

- ✧ Unentschlossenheit
- ✧ mehrere Möglichkeiten

18 Hund

- ✧ Entscheidung erfordert Geduld
- ✧ mit Entscheidung abwarten

19 Turm

- ✧ egoistische Entscheidung
- ✧ sich für Trennung/Distanz entscheiden

20 Park

- ✧ öffentliche Entscheidung
- ✧ Bescheid
- ✧ Veröffentlichung

21 Berg

- ✧ Widerspruch
- ✧ Entscheidung wird blockiert
- ✧ keine Entscheidungsfreiheit

23 Mäuse

- ✧ **davor:** unangenehme Entscheidung
- ✧ **danach:** Entscheidung wird Ihnen abgenommen

22 Wege
in Verbindung mit:

24 Herz

- Herzensentscheidung
- Entscheidung aus Liebe

25 Ring

- Entscheidung für/wegen Verbindung/Beziehung
- verbindliche Entscheidung
- sich einlassen

26 Buch

- geheime Entscheidung
- Entscheidung ist noch nicht spruchreif

27 Brief

- entscheidende Nachricht
- Nachricht über Entscheidung

28 Herr/29 Dame

- entscheidungs-freudig

30 Lilien

- familiäre Entscheidung
- triebgesteuerte Entscheidung

31 Sonne

- positive Entscheidung
- auf dem richtigen Weg sein

32 Mond

- nervenaufreibende Entscheidung
- unter Anspannung entscheiden

33 Schlüssel

- sichere Entscheidung
- endgültige Entscheidung

34 Fische

- Gefühlsentscheidung
- finanzielle Entscheidung

35 Anker

- berufliche Entscheidung
- Berufsmöglichkeiten

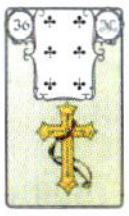

36 Kreuz

- **davor:** wichtige Entscheidung
- **danach:** keine Entscheidung
- **darüber:** Zeit, sich zu entscheiden

23 Mäuse
in Verbindung mit:

1 Reiter

✧ **davor:** gute Aussichten lösen sich in Luft auf

✧ **danach:** nur langsamer Fortschritt

2 Klee

✧ **davor:** nichts zu erreichen

✧ **danach:** kein günstiger Moment

3 Schiff

✧ **davor:** Reise findet nicht statt

✧ **danach:** kein guter Reisezeitpunkt

4 Haus

✧ **davor:** dem Körper fehlt etwas

✧ **danach:** körperlich angeschlagen

5 Baum

✧ **davor:** etwas nagt an der Gesundheit, den richtigen Zeitpunkt verpassen

✧ **danach:** schlechter Gesundheitszustand, schlechte Zeit

6 Wolken

✧ **davor:** keinen Zugang zur Seele, Unklarheiten/Widrigkeiten lösen sich auf

✧ **danach:** unvorhergesehener Zeitverlust, schlechtes Gewissen

7 Schlange

✧ **davor:** Frau, die sich an etwas stört (etwas nagt an ihr)

✧ **danach:** Frau, die sich unwohl fühlt

8 Sarg

✧ **davor:** Problem löst sich auf,
bei Krankheit: schnelle Genesung

✧ **danach:** wenn es so weitergeht, kommt es noch schlimmer

9 Blumen

✧ **davor:** kein Vergleich möglich

✧ **danach:** unfreundlich/undiplomatisch

23 Mäuse
in Verbindung mit:

10 Sense

✧ **davor:** Gefahr gebannt
✧ **danach:** plötzlicher Verlust

11 Ruten

✧ **davor:** ratlos
✧ **danach:** Rat wird nicht/zu spät angenommen

12 Vögel

✧ **davor:** Ärgernis verschwindet/löst sich auf
✧ **danach:** total genervt/gestresst sein

13 Kind

✧ **davor:** kein Neuanfang möglich
✧ **danach:** kein schöner Neuanfang

14 Fuchs

✧ **davor:** Fehler/Falsches löst sich auf
✧ **danach:** schwerwiegender Fehler

15 Bär

✧ **davor:** verärgerter/besorgter Mann (etwas nagt an ihm)
✧ **danach:** unangenehmer Mann

16 Sterne

✧ **davor:** Durchblick verloren
✧ **danach:** Trugbild (keine Vision)

17 Störche

✧ **davor:** keine Veränderung
✧ **danach:** negative Veränderung

18 Hund

✧ **davor:** Freundschaft geht verloren
✧ **danach:** Ungeduld

19 Turm

✧ **davor:** Trennung/Distanz löst sich auf
✧ **danach:** Trennung/Alleinsein fällt zunehmend schwer

23 Mäuse
in Verbindung mit:

20 Park

- **davor:** unter Ausschluss der Öffentlichkeit
- **danach:** Ansehen/Ruf leidet, kein Interesse am/vom Umfeld

21 Berg

- **davor:** Schwierigkeiten lösen sich auf
- **danach:** sehr unangenehme Schwierigkeiten

22 Wege

- **davor:** Entscheidung wird Ihnen abgenommen
- **danach:** unangenehme Entscheidung

24 Herz

- **davor:** Liebe ist verloren/ löst sich auf
- **danach:** Liebe hat einen bitteren Beigeschmack

25 Ring

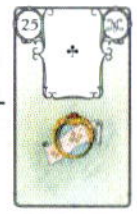

- **davor:** Beziehung/ Verbindung ist verloren/ löst sich auf
- **danach:** schlechte Beziehung/ Verbindung

26 Buch

- **davor:** Geheimnis löst sich auf/wird gelüftet
- **danach:** Geheimnis/Unwissen macht zu schaffen

27 Brief

- **davor:** keine Nachricht/ Kommunikation; Nachricht/Kommunikation geht verloren
- **danach:** schlechte Nachricht/ Kommunikation

28 Herr/29 Dame

- **davor:** verärgert/ besorgt/etwas nagt an einem
- **danach:** fühlt sich schlecht

23 Mäuse
in Verbindung mit:

30 Lilien

- **davor:** kein Sex;
  Familienidylle löst sich auf
- **danach:** Unzufriedenheit in
  der Familie,
  schlechter Sex

31 Sonne

- **davor:** Energieverlust
- **danach:** kraftlos

32 Mond

- **davor:** nervlich
  ausrasten/die Nerven verlieren
- **danach:** nervliche Überforderung

33 Schlüssel

- **davor:** von allein passiert
  gar nichts;
  keine Sicherheit vorhanden
- **danach:** Verunsicherung

34 Fische

- **davor:** finanzieller Verlust,
  Gefühlsverlust
- **danach:** Geld ist unwichtig,
  rücksichtslos

35 Anker

- **davor:** Verlust der Arbeit
- **danach:** unzufriedene Berufs-
  situation,
  loslassen fällt schwer

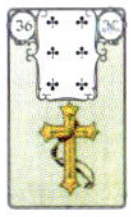

36 Kreuz

- **davor:** schwerwiegender
  Zeitverlust
- **danach:** es geht wieder voran
- **darüber:** schwer abwendbarer
  Verlust/Zeitverlust

24 Herz
in Verbindung mit:

1 Reiter

- in Liebesdingen unterwegs
- ***dazu PK:*** fremdgehen

2 Klee

- Glück in der Liebe
- kurzes Glück (siehe umliegende Karten)

3 Schiff

- Ihnen wird Liebe/ Herzlichkeit entgegengebracht
- Sehnsucht nach Liebe

4 Haus

- stabile(s) Liebe/Herz
- schöne/s Wohnung/Haus

5 Baum

- langfristige Liebe
- Liebe des Lebens

6 Wolken

- **helle Seite:** unklare Liebesverhältnisse
- **dunkle Seite:** Liebeskummer

7 Schlange

- herzliche Frau
- Liebe zu einer Frau

8 Sarg

- Liebeskummer
- Herz-/Blutkreislaufprobleme

9 Blumen

- Flirt
- Charme

10 Sense

- **davor:** Herzschmerz
- **danach:** plötzlich wird alles gut

11 Ruten

- Streitigkeiten in der Liebe
- dem Rat des Herzens folgen

12 Vögel

- Herzklopfen
- beschleunigter Pulsschlag

24 Herz
in Verbindung mit:

13 Kind

- neue Liebe
- kleine Freude
- kinderlieb

14 Fuchs

- Liebe wird ausgenutzt
- übertriebene Liebesmüh'

15 Bär

- leidenschaftliche Liebe bis hin zur Eifersucht
- herzlicher Mann

16 Sterne

- erfüllende Liebe
- kosmische Liebe
- Engelarbeit

17 Störche

- mehrere Liebschaften

18 Hund

- aufrichtige Freundschaft
- Hausfreund

19 Turm

- einsames Herz
- sich alleingelassen fühlen

20 Park

- Hilfsbereitschaft
- liebevolles Miteinander
- soziales Engagement

21 Berg

- Probleme, Liebe zu zeigen/anzunehmen
- Herzbeschwerden
- blockiertes Herzchakra

22 Wege

- Herzensentscheidung
- Entscheidung aus Liebe

23 Mäuse

- **davor:** Liebe hat einen bitteren Beigeschmack
- **danach:** Liebe ist verloren/ löst sich auf

24 Herz
in Verbindung mit:

25 Ring

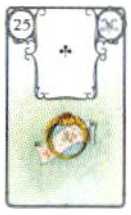

- Liebesbeziehung
- Verbindung aus Liebe
- herzliche Verbindung

26 Buch

- heimliche Liebe
- Affäre

27 Brief

- Antrag
- Liebesbekundung
- herzliche Nachrichten

28 Herr/29 Dame

- herzlich
- liebevoll

30 Lilien

- liebevoller Sex
- herzliche Familie
- harmonische/leidenschaftliche Liebe

31 Sonne

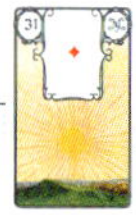

- große Freude
- Leidenschaft
- Hochphase der Liebesgefühle

32 Mond

- tiefe Liebe
- schöner Abend

33 Schlüssel

- sich der Liebe sicher sein
- mit Sicherheit wird alles gut

34 Fische

- extrem gefühlvoll
- gefühlvolle Liebe
- finanziell gut gestellt

35 Anker

- Hobby zum Beruf machen
- Erfolg im Job

36 Kreuz

- **davor:** starke Liebe
- **danach:** Liebe schwindet
- **darüber:** alles wird gut

25 Ring
in Verbindung mit:

1 Reiter

- ✧ positive Verbindung
- ✧ Verbindung kommt auf Sie zu

2 Klee

- ✧ Glück verheißende Verbindung
- ✧ Verbindung in Kürze

3 Schiff

- ✧ Verbindung kommt auf Sie zu
- ✧ Reisebuchung/-vertrag
- ✧ auf einer Fahrt/Reise eine Verbindung eingehen

4 Haus

- ✧ feste/r Bindung/Verbindung/Vertrag
- ✧ Miet- oder Kaufvertrag für Immobilien

5 Baum

- ✧ langfristige Verbindung
- ✧ Verbindung fürs Leben

6 Wolken

- ✧ **helle Seite:** Unklarheiten in einer Verbindung/Beziehung
- ✧ **dunkle Seite:** Verbindung bringt Kummer/liegt im Argen

7 Schlange

- ✧ Verkettung, die kaum zu lösen ist
- ✧ Frau ist/fühlt sich gebunden

8 Sarg

- ✧ Beziehung ist schwer gestört

9 Blumen

- ✧ kreative Verbindung
- ✧ Verlobung

10 Sense

- ✧ **davor:** schmerzhafte Verbindung; gefährdete Beziehung
- ✧ **danach:** Verbindung kommt plötzlich zustande

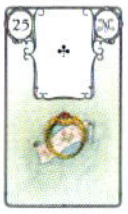

25 Ring
in Verbindung mit:

11 Ruten

- ✧ Streitigkeiten in einer Verbindung
- ✧ Ehe-/Beziehungsberatung

12 Vögel

- ✧ stressige Verbindung/ Beziehung
- ✧ Ärger in Verbindung/Beziehung

13 Kind

- ✧ neue Verbindung/ Beziehung
- ✧ Neuanfang in bestehender Verbindung/Beziehung
- ✧ sehr enge Verbindung zu einem Kind

14 Fuchs

- ✧ unaufrichtige Verbindung/Beziehung
- ✧ mit Verbindung/Beziehung stimmt etwas nicht

15 Bär

- ✧ gebundener Mann (woran, siehe Folgekarte)
- ✧ vertraglich/gefühlsmäßig gebunden sein

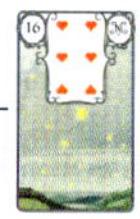

16 Sterne

- ✧ erfüllende Verbindung/ Beziehung
- ✧ kosmische Verbindung/ Beziehung

17 Störche

- ✧ mehrere Verbindungen/ Beziehungen

18 Hund

- ✧ Freund/Freundeskreis fühlt sich verpflichtet/gebunden
- ✧ freundschaftliche Verbindung
- ✧ andauernde Verbindung

19 Turm

- ✧ Trennung

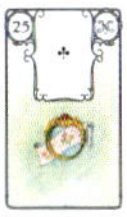

25 Ring
in Verbindung mit:

20 Park

- ✧ Bekanntmachung
- ✧ offizielle Verbindung
- ✧ Verbindung zur Öffentlichkeit

21 Berg

- ✧ keine Möglichkeit, eine Bindung einzugehen
- ✧ nicht bindungsfähig
- ✧ schwierige Beziehung/Verbindung

22 Wege

- ✧ verbindliche Entscheidung
- ✧ Entscheidung für/wegen Verbindung/Beziehung
- ✧ sich einlassen

23 Mäuse

- ✧ **davor:** schlechte Beziehung/Verbindung
- ✧ **danach:** Beziehung/Verbindung ist verloren/löst sich auf

24 Herz

- ✧ Liebesbeziehung
- ✧ Verbindung aus Liebe
- ✧ herzliche Verbindung

26 Buch

- ✧ heimliche Verbindung/ Beziehung
- ✧ geheime Verbindung/ Geheimbund*

27 Brief

- ✧ regelmäßiger Kontakt
- ✧ lockere Verbindung/Beziehung
- ✧ Vertrag

28 Herr/29 Dame

- ✧ fühlt sich gebunden/verpflichtet
- ✧ ist nicht gern allein/ohne Partner

30 Lilien

- ✧ Bindung an Familie
- ✧ harmonische Verbindung
- ✧ sexuelle Verbindung

31 Sonne

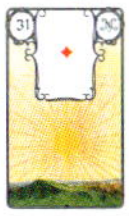

- ✧ energievolle Verbindung/ Beziehung
- ✧ bereichernde Verbindung/ Beziehung

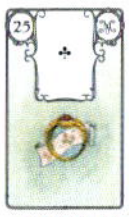

25 Ring
in Verbindung mit:

32 Mond

- ✧ emotionale Verbindung
- ✧ nervenaufreibende Verbindung

33 Schlüssel

- ✧ Verbindung/Beziehung fällt Ihnen zu
- ✧ feste/r Bindung/Vertrag

34 Fische

- ✧ lukrativer Vertrag/ Verbindung
- ✧ gefühlvolle Bindung/Beziehung
- ✧ finanziell gebunden/abhängig

35 Anker

- ✧ Bindung, die schwer zu lösen ist
- ✧ Arbeitsvertrag
- ✧ Verkettung

36 Kreuz

- ✧ **davor:** feste/gute Verbindung/Beziehung
- ✧ **danach:** Auflösung einer Verbindung/Beziehung
- ✧ **darüber:** verbindlich werden

26 Buch
in Verbindung mit:

1 Reiter

- Geheimnis wird Ihnen anvertraut
- Ideen werden verschwiegen

2 Klee

- unverhofftes Glück

3 Schiff

- unerwartete Fahrt/Reise
- Fahrt/Reise ist noch nicht spruchreif

4 Haus

- noch keine Stabilität
- noch kein passender Wohnsitz in Sicht

5 Baum

- schon lange ein Geheimnis wahren
- etwas kommt nie heraus

6 Wolken

- **helle Seite:** Geheimnis, das nicht sicher ist
- **dunkle Seite:** Geheimnis, das Ärger nach sich zieht; Verrat

7 Schlange

- Frau ist verschwiegen
- geheime Pläne

8 Sarg

- dunkles Geheimnis
- eine Leiche im Keller haben

9 Blumen

- heimliches Treffen
- heimliche/r Verehrer/in

10 Sense

- **davor:** unerträgliches Geheimnis
- **danach:** plötzlich kommt es anders als erwartet

26 Buch
in Verbindung mit:

11 Ruten

- ✧ Geheimrat
- ✧ Rechtswissen
- ✧ Rat wird verschwiegen

12 Vögel

- ✧ unvorhersehbarer Ärger
- ✧ gereizt sein, ohne sich der Ursache bewusst zu sein

13 Kind

- ✧ Neuanfang verzögert sich
- ✧ kleines Geheimnis

14 Fuchs

- ✧ Geheimnis wird verraten
- ✧ Verrat

15 Bär

- ✧ schweigsamer Mann
- ✧ Mann, der die Dinge mit sich selbst ausmacht

16 Sterne

- ✧ spirituelles Wissen
- ✧ astrologisches Wissen
- ✧ Weiterbildung

17 Störche

- ✧ unvorhergesehene Veränderung
- ✧ Veränderung nicht absehbar

18 Hund

- ✧ Freund/Freundeskreis verschweigt etwas

19 Turm

- ✧ Amt
- ✧ Standesamt
- ✧ von Amts wegen

20 Park

- ✧ Geheimgesellschaft (Orden)
- ✧ Geheimdienst*

26 Buch
in Verbindung mit:

21 Berg

- ✧ Blockade unbestimmten Ursprungs
- ✧ unerwartetes Hindernis

22 Wege

- ✧ geheime Entscheidung
- ✧ Entscheidung ist noch nicht spruchreif

23 Mäuse

- ✧ **davor:** Geheimnis/Unwissen macht zu schaffen
- ✧ **danach:** Geheimnis löst sich auf/wird gelüftet

24 Herz

- ✧ heimliche Liebe
- ✧ Affäre

25 Ring

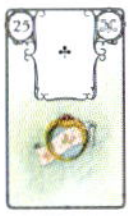

- ✧ heimliche Verbindung/Beziehung
- ✧ geheime Verbindung/Geheimbund*

27 Brief

- ✧ geheime Nachricht
- ✧ Geheimnis wird Ihnen übermittelt
- ✧ Nachricht/Anruf von Unbekannt

28 Herr/29 Dame

- ✧ verschwiegen
- ✧ gebildet/wissbegierig
- ✧ ***im Rücken:*** diese Person kennt man noch nicht*

30 Lilien

- ✧ Familiengeheimnis
- ✧ geheime sexuelle Vorlieben
- ✧ geheime Affäre

31 Sonne

- ✧ einen Joker im Ärmel haben
- ✧ Erfolg wird noch nicht preisgegeben

32 Mond

- ✧ geheimnisvoll
- ✧ Wissen/Geheimnis, das an den Nerven zerrt

26 Buch
in Verbindung mit:

33 Schlüssel

- ✧ sicheres Geheimnis
- ✧ noch keine Sicherheit vorhanden

34 Fische

- ✧ geheime Geldrücklagen
- ✧ keinen finanziellen Überblick haben

35 Anker

- ✧ Geheimdienst*
- ✧ Detektei
- ✧ heimlich arbeiten/jobben

36 Kreuz

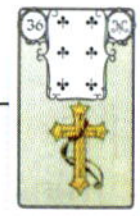

- ✧ **davor:** zum Schweigen verpflichtet
- ✧ **danach:** Geheimnis wird aufgedeckt/löst sich auf
- ✧ **darüber:** Schweigen ist Gold

27 Brief
in Verbindung mit:

1 Reiter

- ✧ Nachricht kommt

2 Klee

- ✧ gute Nachricht
- ✧ Nachricht in Kürze

3 Schiff

- ✧ Nachricht erhalten/ ist unterwegs
- ✧ Ihnen wird etwas mitgeteilt

4 Haus

- ✧ Nachricht, die Sicherheit verschafft
- ✧ Nachricht kommt ins Haus

5 Baum

- ✧ Ökopapier
- ✧ Nachricht lässt auf sich warten

6 Wolken

- ✧ **helle Seite:** unklare Kommunikation
- ✧ **dunkle Seite:** schlechte Nachrichten

7 Schlange

- ✧ Frau, die die Dinge nicht so eng sieht
- ✧ Nachricht von einer Frau

8 Sarg

- ✧ Krankschreibung/Befund
- ✧ Krankheit wird abgetan
- ✧ schlechte/traurige Nachricht

9 Blumen

- ✧ erfreuliche Nachricht
- ✧ Einladung

10 Sense

- ✧ **davor:** verletzende Nachrichten/Kommunikation
- ✧ **danach:** plötzliche Nachrichten/ Kommunikation

11 Ruten

- ✧ Information kommt per Post
- ✧ Rechtsbelehrung

27 Brief
in Verbindung mit:

12 Vögel

- ✧ aufgeregtes Geschnatter
- ✧ Durcheinandergerede
- ✧ Nachrichten, die verärgern

13 Kind

- ✧ Mitteilung
- ✧ Kurznachricht (Chat, sms)

14 Fuchs

- ✧ unwahre Nachricht
- ✧ falsche Kommunikation

15 Bär

- ✧ kommunikativer Mann
- ✧ Mann, der die Dinge eher locker sieht

16 Sterne

- ✧ klare Kommunikation
- ✧ spirituelle Botschaft

17 Störche

- ✧ mehrere/verschiedene Kontakte/Mitteilungen

18 Hund

- ✧ Nachricht von/über Freund/Freundeskreis
- ✧ Geduld: Nachricht kommt

19 Turm

- ✧ Nachricht, die zurückwirft
- ✧ offizielle Nachricht (Behörde)

20 Park

- ✧ Bekanntmachung

21 Berg

- ✧ Nachrichtensperre
- ✧ Nachricht kommt nicht an

22 Wege

- ✧ entscheidende Nachricht
- ✧ Nachricht über Entscheidung

23 Mäuse

- ✧ **davor:** schlechte Nachricht/Kommunikation
- ✧ **danach:** keine Nachricht/ Kommunikation, Nachricht/ Kommunikation geht verloren

27 Brief
in Verbindung mit:

24 Herz

- Antrag
- Liebesbekundung
- herzliche Nachrichten

25 Ring
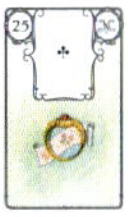

- regelmäßiger Kontakt
- lockere Verbindung/Beziehung
- Vertrag

26 Buch

- geheime Nachricht
- Geheimnis wird Ihnen übermittelt
- Nachricht/Anruf von Unbekannt

28 Herr/29 Dame

- kommunikativ
- sieht die Dinge eher locker

30 Lilien

- Kontakt zur Familie
- Telefonsex
- E-mail

31 Sonne

- gute Kommunikation

32 Mond

- nervende Nachricht
- abendlicher/s Anruf/Gespräch

33 Schlüssel

- Nachricht kommt sicher
- Nachricht/Kontakt, die/der Sicherheit vermittelt
- Kontaktmöglichkeit ergibt sich mit Sicherheit

34 Fische

- Scheck, Geldanweisung
- Rechnung

35 Anker

- Büroarbeit*
- Arbeit mit Papieren

36 Kreuz
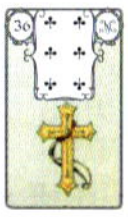

- **davor:** Kontaktaufnahme
- **danach:** Kontakt bricht ab
- **darüber:** in Kontakt treten

28 Herr oder 29 Dame
in Verbindung mit:

1 Reiter

- Mann/Partner oder Frau/Partnerin kommt auf Sie zu

2 Klee

- im entscheidenden Moment das nötige Glück haben

3 Schiff

- lässt die Dinge auf sich zukommen
- Mann/Partner oder Frau/Partnerin kommt Ihnen entgegen

4 Haus

- häuslich
- ausgeprägtes Sicherheitsbedürfnis
- zuverlässig

5 Baum

- ruhig
- naturverbunden
- braucht viel Zeit, um voranzukommen

6 Wolken

- **helle Seite:** empfindlich; fühlt sich leicht angegriffen
- **dunkle Seite:** kann nicht viel ertragen

7 Schlange

- intelligent

8 Sarg

- kraftraubend
- anstrengend

9 Blumen

- kreativ
- charmant

10 Sense

- **davor:** Mann/Partner oder Frau/Partnerin mit niedriger Reizschwelle
- **danach:** Mann/Partner oder Frau/Partnerin taucht plötzlich auf

Hier eine übernommene *komplexe* Kombination à la Drabeck, die sich als sehr empfehlenswert erwies:

28 Herr oder 29 Dame
in Verbindung mit:

»Liegt bei der Karte *Herr* oder *Dame* folgende Kartenkombination in diagonaler Linie – vom Hinterkopf der Person ausgehend – sollten Sie sehr vorsichtig sein. Wahrscheinlich lässt dieser Mensch sich nur beraten, um Ihnen Probleme zu machen.«

Deshalb sollten Sie sich immer als Erstes die Eigenschaften des Menschen anschauen.

Bitte die *unterschiedliche* Blickrichtung der Personenkarten beachten!

11 Ruten

- ✧ redegewandt
- ✧ gute/r Ratgeber/in

12 Vögel

- ✧ schnell aufgeregt
- ✧ leicht provozierbar

13 Kind

- ✧ leichtgläubig
- ✧ bockiges/kindisches Verhalten
- ✧ jüngere/r Frau/Partnerin oder Mann/Partner

14 Fuchs

- ✧ nicht vertrauenswürdig

15 Bär

- ✧ starke Persönlichkeit
- ✧ besitzt Führungsqualitäten

16 Sterne

- ✧ spirituell
- ✧ religiös
- ✧ braucht klare Situationen

28 Herr oder 29 Dame
in Verbindung mit:

17 Störche

- ✧ unstet
- ✧ fühlt sich zerrissen
- ✧ launisch

18 Hund

- ✧ lieb
- ✧ treu

19 Turm

- ✧ distanziert
- ✧ durchsetzungsfähig
- ✧ kühl

20 Park

- ✧ extrovertiert/offen

21 Berg

- ✧ frustriert
- ✧ gehemmt
- ✧ stur

22 Wege

- ✧ entscheidungsfreudig

23 Mäuse

- ✧ **davor:** fühlt sich schlecht
- ✧ **danach:** verärgert/besorgt/ etwas nagt an einem

24 Herz

- ✧ herzlich
- ✧ liebevoll

25 Ring

- ✧ fühlt sich gebunden/ verpflichtet
- ✧ ist nicht gern allein/ohne Partner

26 Buch

- ✧ verschwiegen
- ✧ gebildet/wissbegierig
- ✧ ***im Rücken:*** diese Person kennt man noch nicht*

27 Brief

- ✧ kommunikativ
- ✧ sieht die Dinge eher locker

28 Herr oder 29 Dame
in Verbindung mit:

30 Lilien

- wirkt sehr anziehend/ sexy
- starke Ausstrahlung
- harmoniebedürftig

31 Sonne

- sonniges Gemüt
- dynamisch

32 Mond

- feinfühlig
- verträumt

33 Schlüssel

- zuverlässig
- sicherheitsdenkend

34 Fische

- gefühlsbetont
- nicht ganz greifbar

35 Anker

- anhänglich
- fleißig

36 Kreuz

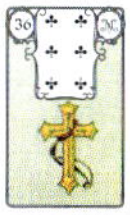

- **vor der Nase:** fühlt sich vom Leben gebeutelt
- **im Rücken:** setzt seine Bedürfnisse nicht durch,
  hat einschlägige Erfahrungen gemacht
- **darüber:** soll/wird seine/ihre Bedürfnisse in den Vordergrund stellen

30 Lilien
in Verbindung mit:

1 Reiter

- in sexuellen Dingen unterwegs
- ***dazu PK:*** fremdgehen

2 Klee

- Sex in Kürze
- Quickie/schneller Sex
- Familienglück

3 Schiff

- harmonische Fahrt/Reise
- Familienausflug
- sexuelle Sehnsüchte

4 Haus

- starke Familienbande
- schönes Zuhause
- sehr anziehende Figur

5 Baum

- langweiliger Sex
- sich Zeit für Sex nehmen
- heilerische Fähigkeiten (Reiki, Geistheilung)

6 Wolken

- **helle Seite:** unbefriedigende familiäre/sexuelle Situation
- **dunkle Seite:** familiäre/sexuelle Probleme

7 Schlange

- sehr anziehende Frau
- komplizierte Familienverhältnisse

8 Sarg

- schwerwiegende Probleme/Krankheit in der Familie
- schwerwiegende sexuelle Probleme/Krankheit

9 Blumen

- »Blümchensex«
- Familientreffen

10 Sense

- **davor:** schmerzhafter Sex, schmerzhafte Erfahrungen in der Familie
- **danach:** überraschendes Familientreffen/Familienglück, überraschendes sexuelles Erlebnis

30 Lilien
in Verbindung mit:

11 Ruten

- ✧ Diskussionen im Familienkreis
- ✧ Familientherapie
- ✧ Verbalerotiker

12 Vögel

- ✧ stressige Familie
- ✧ blöde Anmache (baggern)

13 Kind

- ✧ kleiner Familienkreis
- ✧ jungfräulich, Mädchen

14 Fuchs

- ✧ falscher Umgang mit Sexualität/Familie
- ✧ sich betrogen fühlen

15 Bär

- ✧ sehr anziehender Mann
- ✧ starker Familienbund

16 Sterne

- ✧ sexuelle Erfüllung
- ✧ spirituelle Familie
- ✧ feinstoffliche Energie

17 Störche

- ✧ mehrere/verschiedene sexuelle Kontakte
- ✧ **Störche + Lilien + Kind:** Schwangerschaft*

18 Hund

- ✧ Treue
- ✧ Freund für gewisse Stunden

19 Turm

- ✧ Trennung von der Familie
- ✧ kein Zugang zur weiblichen Seite
- ✧ kein Sex

20 Park

- ✧ Friedensversammlung
- ✧ Familientreffen

30 Lilien
in Verbindung mit:

21 Berg

- sexuelle Probleme
- blockiertes Sakralchakra

22 Wege

- familiäre Entscheidung
- triebgesteuerte Entscheidung

23 Mäuse

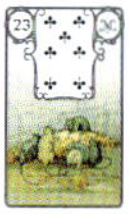

- **davor:** Unzufriedenheit in der Familie, schlechter Sex
- **danach:** kein Sex, Familienidylle löst sich auf

24 Herz

- liebevoller Sex
- herzliche Familie
- harmonische/leidenschaftliche Liebe

25 Ring

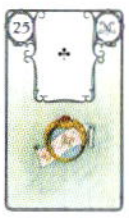

- Bindung an Familie
- harmonische Verbindung
- sexuelle Verbindung

26 Buch

- Familiengeheimnis
- geheime sexuelle Vorlieben
- geheime Affäre

27 Brief

- Kontakt zur Familie
- Telefonsex
- E-mail

28 Herr/29 Dame

- starke Ausstrahlung
- wirkt sehr anziehend/sexy
- harmoniebedürftig

31 Sonne

- Leidenschaft
- hervorragender Sex
- starke Familienbindung
- heile Familie

32 Mond

- Zärtlichkeit
- nervlich belastete Familie

30 Lilien
in Verbindung mit:

33 Schlüssel

- ✧ Familie gibt Sicherheit
- ✧ Verhütung

34 Fische

- ✧ Sex mit Gefühl
- ✧ Familienvermögen/-besitz

35 Anker

- ✧ Familienbetrieb
- ✧ Berufe mit den neuen Medien
- ✧ sexuelle Abhängigkeit

36 Kreuz

- ✧ **davor:** Harmonie/ Anziehung nimmt zu, Sex ist/wird ein wichtiges Thema
- ✧ **danach:** Anziehung/Harmonie schwindet, ruhige Zeit ist vorbei
- ✧ **darüber:** der weiblichen Seite mehr Beachtung schenken

31 Sonne
in Verbindung mit:

1 Reiter

- erfolgreiche Unternehmung

2 Klee

- viel Glück
- baldiger Erfolg
- den Moment genießen

3 Schiff

- schönes Reisewetter
- tolle Fahrt/Reise
- Erfolgskurs

4 Haus

- tolles Haus
- gesundheitlich topfit

5 Baum

- Lebensenergie
- Fähigkeit, Energie zu übertragen
- sehr guter Gesundheitszustand

6 Wolken

- **helle Seite:** sich gestresst fühlen, erholungsbedürftig
- **dunkle Seite:** kraftlos/urlaubsreif

7 Schlange

- dynamische Frau
- toller Plan

8 Sarg

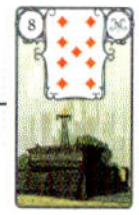

- Medialität

9 Blumen

- hervorragende Aussicht
- freudiges Ereignis
- Heilenergien

10 Sense

- **davor:** gefährlicher Übermut, gefährliche Sonneneinstrahlung
- **danach:** plötzlich kommt Schwung in eine Sache

11 Ruten

- Erfolgstrainer
- Rat ist Erfolg versprechend

12 Vögel

- Spannung
- spannendes/aufregendes Erlebnis

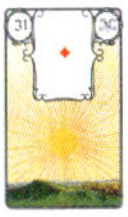

31 Sonne
in Verbindung mit:

13 Kind

✧ begabtes Kind
✧ schöner Neubeginn

14 Fuchs

✧ gewitztes Verhalten
✧ der Schein trügt

15 Bär

✧ vital/kraftvoll
✧ dynamischer Mann
✧ willensstarker Mann

16 Sterne

✧ Telepathie
✧ Medialität
✧ Hellsicht
✧ Sonnengeflecht (Chakra)

17 Störche

✧ positive Veränderung

18 Hund

✧ Erfolgsphase hält an
✧ bereichernde Freundschaft

19 Turm

✧ Energieschub
✧ bahnbrechender Erfolg
✧ Durchbruch

20 Park

✧ gehobene Gesellschaft
✧ erfolgreiche Gesellschaft/Firma

21 Berg

✧ Energieblockade
✧ Hürden erfolgreich meistern

22 Wege

✧ positive Entscheidung
✧ auf dem richtigen Weg sein

23 Mäuse

✧ **davor:** kraftlos
✧ **danach:** Energieverlust

24 Herz

✧ große Freude
✧ Hochphase der Liebesgefühle
✧ Leidenschaft

31 Sonne
in Verbindung mit:

25 Ring

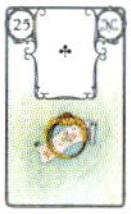

- energievolle Verbindung/ Beziehung
- bereichernde Verbindung/ Beziehung

26 Buch

- Erfolg wird noch nicht preisgegeben
- einen Joker im Ärmel haben

27 Brief

- gute Kommunikation
- positive Nachrichten

28 Herr/29 Dame

- sonniges Gemüt
- dynamisch

30 Lilien

- Leidenschaft
- hervorragender Sex
- starke Familienbindung
- heile Familie

32 Mond

- Medialität

33 Schlüssel

- sicherer Erfolg
- sich in seinem Element fühlen

34 Fische

- finanzieller Erfolg
- Gewinn
- emotionales Hoch

35 Anker

- Energiearbeit
- Kreativität, Erfolg im Job

36 Kreuz

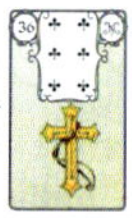

- **davor:** Erfolg/Kraft/ Vitalität stell sich ein, Sonnenbrand
- **danach:** Erfolg/Kraft/Vitalität nimmt ab
- **darüber:** Vollgas geben

32 Mond
in Verbindung mit:

1 Reiter

- ✧ bei Nacht unterwegs
- ✧ schöner Abend
- ✧ Meditation ist hilfreich

2 Klee

- ✧ schöner Abend
- ✧ kurze nervliche Verstimmung

3 Schiff

- ✧ Traum
- ✧ Träumereien
- ✧ tiefe Sehnsucht

4 Haus

- ✧ sich nach innen wenden
- ✧ Geborgenheit, die einem fast zu viel wird

5 Baum

- ✧ schon lange nervlich angespannt
- ✧ chronisch schwache Nerven

6 Wolken

- ✧ **helle Seite:** trübe Gemütslage, angegriffenes Nervenkostüm
- ✧ **dunkle Seite:** Depressionsgefühle

7 Schlange

- ✧ sensible Frau

8 Sarg

- ✧ psychische Erkrankung
- ✧ depressive Verstimmung

9 Blumen

- ✧ nervenberuhigendes Naturmittel
- ✧ Bachblüten
- ✧ Aromatherapie

10 Sense

- ✧ **davor:** emotionale Verletzung, stark angegriffene Nerven
- ✧ **danach:** plötzliche Melancholie

32 Mond
in Verbindung mit:

11 Ruten

- ✧ Psychotherapie
- ✧ Rat beruhigt die Nerven

12 Vögel

- ✧ Verzweiflung
- ✧ total überreizte Nerven

13 Kind

- ✧ empfindsames Kind
- ✧ Neuanfang, der Nerven kostet

14 Fuchs

- ✧ unnötige Grübeleien
- ✧ Nerven unnötig strapazieren

15 Bär

- ✧ empfindsamer/ melancholischer Mann
- ✧ starke Nerven

16 Sterne

- ✧ Meditation
- ✧ Spiritualität

17 Störche

- ✧ nervlich angespannt

18 Hund

- ✧ feinfühliger/ empfindlicher Freund
- ✧ tiefe Freundschaft

19 Turm

- ✧ einsame Nächte
- ✧ psychiatrische/therapeutische Einrichtung

20 Park

- ✧ Sanatorium
- ✧ Abendveranstaltung

21 Berg

- ✧ Verklemmtheit
- ✧ anstrengende/r Nacht/Abend

22 Wege

- ✧ nervenaufreibende Entscheidung
- ✧ unter Anspannung entscheiden

32 Mond
in Verbindung mit:

23 Mäuse

- **davor:** nervliche Überforderung
- **danach:** nervlich ausrasten/die Nerven verlieren

24 Herz

- tiefe Liebe
- schöner Abend

25 Ring

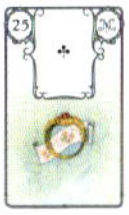

- emotionale Verbindung
- nervenaufreibende Verbindung

26 Buch

- geheimnisvoll
- Wissen/Geheimnis, das an den Nerven zerrt

27 Brief

- nervende Nachricht
- abendlicher/s Anruf/Gespräch

28 Herr/29 Dame

- feinfühlig
- verträumt

30 Lilien

- Zärtlichkeit
- nervlich belastete Familie

31 Sonne

- Medialität

33 Schlüssel

- psychisches Sicherheitsbedürfnis
- Träume werden entschlüsselt

34 Fische

- Gefühlsduselei

35 Anker

- Nachtarbeit
- Beruf im psychischen Bereich

36 Kreuz

- **davor:** extreme nervliche Belastung/Störung
- **danach:** nervenaufreibende Phase geht zu Ende
- **darüber:** Nerven schonen

33 Schlüssel
in Verbindung mit:

1 Reiter

✧ mehr Sicherheit erlangen
✧ Erfolg ist kaum mehr aufzuhalten

2 Klee

✧ mit Sicherheit ist Glück im Spiel

3 Schiff

✧ etwas kommt mit Sicherheit auf Sie zu
✧ Fahrt/Reise findet mit Sicherheit statt

4 Haus

✧ stabile Situation/Lage
✧ Haus/Wohnung ist Ihnen sicher

5 Baum

✧ Sicherheit braucht Zeit
✧ langfristige Sicherheit
✧ stabile gesundheitliche Verfassung

6 Wolken

✧ **helle Seite:** langsam wieder Sicherheit erlangen
✧ **dunkle Seite:** völlige Unsicherheit

7 Schlange

✧ Plan geht auf
✧ sicherheitsbedürftige Frau

8 Sarg

✧ sicheres Ende
✧ etwas geht zu Ende, und man weiß, woran man ist

9 Blumen

✧ Treffen findet statt
✧ Einladung kommt

10 Sense

✧ **davor:** Gefahr im Verzug, Falle
✧ **danach:** Sicherheit stellt sich plötzlich ein

33 Schlüssel
in Verbindung mit:

11 Ruten

- ✧ Rat wird Ihnen zuteil
- ✧ Rat bringt Sicherheit

12 Vögel

- ✧ Ärger, der kaum zu umgehen ist
- ✧ mit Sicherheit wird hier provoziert

13 Kind

- ✧ Neuanfang ist sicher

14 Fuchs

- ✧ etwas läuft mit Sicherheit falsch
- ✧ Fehler/Betrug ist kaum zu vermeiden
- ✧ mit Sicherheit fühlt man sich betrogen

15 Bär

- ✧ sicheres Auftreten
- ✧ zuverlässiger/sicherheitsbedürftiger Mann

16 Sterne

- ✧ erleuchtende Einsicht
- ✧ sicherer Umgang mit kosmischen Kräften

17 Störche

- ✧ Veränderung ist sicher

18 Hund

- ✧ mit Geduld fällt Ihnen alles von selbst zu
- ✧ zuverlässige Freundschaft

19 Turm

- ✧ Trennung/Rückzug/ Distanz ist kaum zu verhindern

20 Park

- ✧ sicheres/r Umfeld/ Bereich
- ✧ etwas gelangt an die Öffentlichkeit

21 Berg

- ✧ Problem, das schwer zu umgehen ist

33 Schlüssel
in Verbindung mit:

22 Wege

- sichere Entscheidung
- endgültige Entscheidung

23 Mäuse

- **davor:** Verunsicherung
- **danach:** von allein passiert gar nichts, keine Sicherheit vorhanden

24 Herz

- sich der Liebe sicher sein
- mit Sicherheit wird alles gut

25 Ring

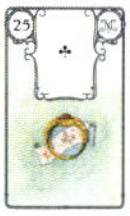

- Verbindung/Beziehung fällt Ihnen zu
- feste/r Bindung/Vertrag

26 Buch

- sicheres Geheimnis
- noch keine Sicherheit vorhanden

27 Brief

- Nachricht kommt sicher
- Nachricht/Kontakt, die/der Sicherheit vermittelt
- Kontaktmöglichkeit ergibt sich mit Sicherheit

28 Herr/29 Dame

- zuverlässig
- sicherheitsdenkend

30 Lilien

- Familie gibt Sicherheit
- Verhütung

31 Sonne

- sicherer Erfolg
- sich in seinem Element fühlen

32 Mond

- psychisches Sicherheitsbedürfnis
- Träume werden entschlüsselt

33 Schlüssel
in Verbindung mit:

34 Fische

- ✧ finanzielle Sicherheit
- ✧ emotionale Sicherheit

35 Anker

- ✧ sicherer Arbeitsplatz

36 Kreuz

- ✧ **davor:** absolute Sicherheit
- ✧ **danach:** keine Sicherheit mehr
- ✧ **darüber:** etwas kommt von selbst/fällt Ihnen in den Schoß

34 Fische
in Verbindung mit:

1 Reiter

- ✧ finanzieller Erfolg

2 Klee

- ✧ Glück in finanziellen Dingen
- ✧ finanzielle Situation verbessert sich in Kürze

3 Schiff

- ✧ Geld kommt
- ✧ Geldsendung

4 Haus

- ✧ stabile finanzielle Lage
- ✧ materiell wertvoll
- ✧ Tresor

5 Baum

- ✧ konstante Einnahmen
- ✧ Geldanlage
- ✧ Geld ist langfristig angelegt

6 Wolken

- ✧ **helle Seite:** unklare finanzielle Situation
- ✧ **dunkle Seite:** finanzielle Probleme

7 Schlange

- ✧ einfühlsame Frau
- ✧ finanzielle Pläne
- ✧ finanzielle Verstrickungen

8 Sarg

- ✧ Geldprobleme
- ✧ überaus traurige Stimmung

9 Blumen

- ✧ Geldgeschenk
- ✧ ideelles Geschenk

10 Sense

- ✧ **davor:** gefährlicher Umgang mit Geld, verletzte Gefühle
- ✧ **danach:** plötzliche Geldeinnahmen, plötzlicher Emotionsausbruch

34 Fische
in Verbindung mit:

11 Ruten

- Finanzberatung

12 Vögel

- Geldsorgen
- Gefühlschaos

13 Kind

- Kleingeld
- wenig Geld

14 Fuchs

- falscher Umgang mit Geld
- Vorsicht vor Falschgeld

15 Bär

- finanziell versorgt sein
- einfühlsamer Mann

16 Sterne

- Hellfühligkeit

17 Störche

- finanzielle Veränderung
- schwankende Finanzsituation
- launisch

18 Hund

- Geldanlage
- mitfühlender Freund/ Freundeskreis

19 Turm

- Bank
- gefühlsmäßige Einsamkeit

20 Park

- Geldinstitut
- öffentliche Gelder

21 Berg

- finanzielle Schwierigkeiten
- Kontosperre
- Schwierigkeiten, Gefühle zu zeigen

34 Fische
in Verbindung mit:

22 Wege

- Gefühlsentscheidung
- finanzielle Entscheidung

23 Mäuse

- **davor:** Geld ist unwichtig, rücksichtslos
- **danach:** finanzieller Verlust, Gefühlsverlust

24 Herz

- extrem gefühlvoll
- gefühlvolle Liebe
- finanziell gut gestellt

25 Ring

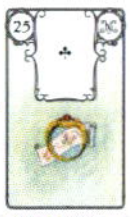

- lukrativer Vertrag/Verbindung
- gefühlvolle Bindung/Beziehung
- finanziell gebunden/abhängig

26 Buch

- geheime Geldrücklagen
- keinen finanziellen Überblick haben

27 Brief

- Scheck, Geldanweisung
- Rechnung

28 Herr/29 Dame

- gefühlsbetont
- nicht ganz greifbar

30 Lilien

- Sex mit Gefühl
- Familienvermögen/-Besitz

31 Sonne

- finanzieller Erfolg
- Gewinn
- emotionales Hoch

32 Mond

- Gefühlsduselei

33 Schlüssel

- finanzielle Sicherheit
- emotionale Sicherheit

34 Fische
in Verbindung mit:

35 Anker

- finanzielle Abhängigkeit
- emotionale Abhängigkeit

36 Kreuz

- **davor:** Geldeinnahmen nehmen zu/Geldvermehrung, Gefühlsausbruch
- **danach:** Geld kommt nicht, emotionales Problem vergeht
- **darüber:** Finanzen prüfen, Emotionen kontrollieren

35 Anker
in Verbindung mit:

1 Reiter

- ✧ Arbeitsangebot kommt
- ✧ beruflicher Erfolg

2 Klee

- ✧ Arbeit in Kürze
- ✧ guter Job

3 Schiff

- ✧ Arbeit wird mit Reisen in Verbindung gebracht
- ✧ Arbeitsangebot

4 Haus

- ✧ Home Office
- ✧ absolut sicherer Arbeitsplatz

5 Baum

- ✧ langfristige Tätigkeit
- ✧ Loslassen ist ein Lebensthema

6 Wolken

- ✧ **helle Seite:** unklare berufliche Situation
- ✧ **dunkle Seite:** Probleme im Arbeitsbereich

7 Schlange

- ✧ Kollegin
- ✧ Frau, der es schwerfällt loszulassen
- ✧ Arbeitsprojekt/Projektarbeit

8 Sarg

- ✧ Arbeitslosigkeit
- ✧ Arbeit mit kranken Menschen

9 Blumen

- ✧ kreative Arbeit

10 Sense

- ✧ **davor:** gefährlicher Beruf, schmerzhaftes Loslassen
- ✧ **danach:** Arbeit kommt plötzlich, plötzlich loslassen

11 Ruten

- ✧ mehrere Jobs/ Nebenberufe
- ✧ Beratertätigkeit
- ✧ strittiges Arbeitsverhältnis

35 Anker
in Verbindung mit:

12 Vögel

- Stress am Arbeitsplatz
- Tratsch/Klatsch am Arbeitsplatz

13 Kind

- neuer Job
- Kurzarbeit/Nebenjob

14 Fuchs

- falscher Arbeitsplatz
- Fehler im Arbeitsbereich

15 Bär

- netter/fairer Chef
- Klammeraffe

16 Sterne

- erfüllender Beruf
- spirituelle Arbeit/ Selbstverwirklichung

17 Störche

- Zeitarbeit
- Veränderung im beruflichen Bereich

18 Hund

- Freund klammert
- Dienstleistungsgewerbe
- fester/dauerhafter Arbeitsplatz

19 Turm

- Arbeitsamt
- selbstständige Tätigkeit
- Kündigung

20 Park

- Publikumsverkehr
- Öffentlichkeitsarbeit
- darstellende Berufe

21 Berg

- berufliche Schwierigkeiten
- loslassen bereitet Probleme

22 Wege

- berufliche Entscheidung
- Berufsmöglichkeiten

35 Anker
in Verbindung mit:

23 Mäuse

- **davor:** unzufriedene Berufssituation, loslassen fällt schwer
- **danach:** Verlust der Arbeit

24 Herz

- Erfolg im Job
- Hobby zum Beruf machen

25 Ring

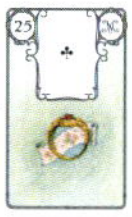

- Arbeitsvertrag
- Bindung, die schwer zu lösen ist

26 Buch

- Geheimdienst*
- Detektei
- heimlich arbeiten/jobben

27 Brief

- Büroarbeit*
- Arbeit mit Papieren

28 Herr/29 Dame

- anhänglich
- fleißig

30 Lilien

- Familienbetrieb
- Berufe mit den neuen Medien
- sexuelle Abhängigkeit

31 Sonne

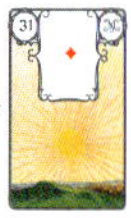

- Energiearbeit
- Kreativität, Erfolg im Job

32 Mond

- Nachtarbeit
- Beruf im psychischen Bereich

33 Schlüssel

- sicherer Arbeitsplatz

34 Fische

- finanzielle Abhängigkeit
- emotionale Abhängigkeit

36 Kreuz

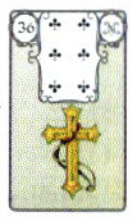

- **davor:** Arbeitsaufwand wird größer
- **danach:** Arbeitsaufwand wird geringer/Rente
- **darüber:** Fokus auf der Arbeit

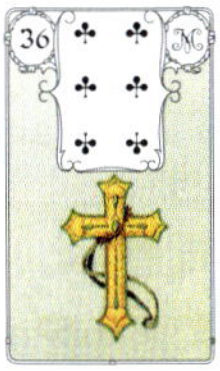

36 Kreuz
in Verbindung mit:

1 Reiter

- ✧ ***davor:*** positive Entwicklung kommt zum Stillstand
- ✧ ***danach:*** überaus prächtige Entwicklung
- ✧ ***darunter:*** Dinge positiv vorantreiben

2 Klee

- ✧ ***davor:*** auf Glück allein ist kein Verlass mehr
- ✧ ***danach:*** Glücksphase
- ✧ ***darunter:*** den Moment genießen

3 Schiff

- ✧ ***davor:*** von allein passiert nichts mehr
- ✧ ***danach:*** etwas ist nicht mehr aufzuhalten/kommt auf Sie zu
- ✧ ***darunter:*** Dinge auf sich zukommen lassen

4 Haus

- ✧ ***davor:*** keine Stabilität mehr
- ✧ ***danach:*** totale Stabilität
- ✧ ***darunter:*** nur eine gute Basis bringt Sie weiter

5 Baum

- ✧ ***davor:*** das Warten hat ein Ende
- ✧ ***danach:*** es dauert länger als erwartet
- ✧ ***darunter:*** Zeitaufwand in Kauf nehmen, es wird dauern

6 Wolken

- ✧ ***davor:*** schwere Zeit ist vorbei (abgehakt)
- ✧ ***danach:*** Unklarheiten
- ✧ ***darunter:*** auf die Seele hören, denn sie weiß, was sie braucht

7 Schlange

- ✧ ***davor:*** Verstrickungen weg
- ✧ ***danach:*** es kommt Struktur in eine Angelegenheit
- ✧ ***darunter:*** rationales Denken nötig

8 Sarg

- ✧ ***davor:*** Leid löst sich auf
- ✧ ***danach:*** etwas geht zu Ende
- ✧ ***darunter:*** Ende akzeptieren

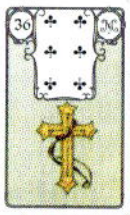

36 Kreuz
in Verbindung mit:

9 Blumen

- ***davor:*** mit Diplomatie/ Charme nichts erreichen
- ***danach:*** Diplomatie/Charme wird eingesetzt
- ***darunter:*** sich in Diplomatie üben

10 Sense

- ***davor:*** schmerzhaftes Schicksal
- ***danach:*** Schicksalsschlag
- ***darunter:*** Vorsicht ist geboten

11 Ruten

- ***davor:*** Streit geht vorüber
- ***danach:*** sein Recht fordern
- ***darunter:*** fachmännischen Rat einholen

12 Vögel

- ***davor:*** Sorgen/Stress vergehen
- ***danach:*** ernsthafte/r Sorgen/ Stress
- ***darunter:*** nicht provozieren lassen

13 Kind

- ***davor:*** Neuanfang erstickt im Keim
- ***danach:*** fange neu an
- ***darunter:*** fange neu an

14 Fuchs

- ***davor:*** Falschheit/Fehler löst sich auf
- ***danach:*** schwerer Fehler
- ***darunter:*** aus Fehlern lernen/ ernten, was gesät wurde

15 Bär

- ***davor:*** kein Vertrauen/ Selbstvertrauen mehr
- ***danach:*** Vertrauen/Selbstvertrauen wird aufgebaut
- ***darunter:*** Vertrauen/Selbstvertrauen muss aufgebaut werden

16 Sterne

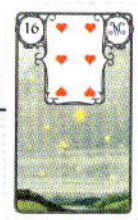

- ***davor:*** Klarheit um das, was zu Ende geht
- ***danach:*** totale Klarheit/ Spiritualität/Einsicht
- ***darunter:*** Klärung/Spiritualität ist als Aufgabe zu sehen

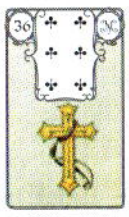

36 Kreuz
in Verbindung mit:

17 Störche

- ✧ ***davor:*** keine Veränderung mehr zu erwarten
- ✧ ***danach:*** entscheidende Veränderung kommt
- ✧ ***darunter:*** etwas verändern/ neuen Weg einschlagen

18 Hund

- ✧ ***davor:*** das Warten ist vorbei
- ✧ ***danach:*** Geduld wird auf die Probe gestellt
- ✧ ***darunter:*** Geduld /abwarten ist die Aufgabe

19 Turm

- ✧ ***davor:*** Phase des/der Alleinseins/Isolation ist vorbei
- ✧ ***danach:*** Trennung/Distanz/ Rückzug kommt
- ✧ ***darunter:*** auf Trennung/Distanz/ Eigenverantwortung einstellen

20 Park

- ✧ ***davor:*** Rückzug aus der Öffentlichkeit
- ✧ ***danach:*** Öffentlichkeit
- ✧ ***darunter:*** sich zu etwas bekennen

21 Berg

- ✧ ***davor:*** Probleme lösen sich auf
- ✧ ***danach:*** massive Schwierigkeiten
- ✧ ***darunter:*** nach Alternativen suchen

22 Wege

- ✧ ***davor:*** keine Entscheidung
- ✧ ***danach:*** wichtige Entscheidung
- ✧ ***darunter:*** Zeit, zu entscheiden

23 Mäuse

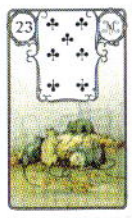

- ✧ ***davor:*** es geht wieder voran
- ✧ ***danach:*** schwerwiegender Zeitverlust
- ✧ ***darunter:*** schwer abwendbarer Verlust/Zeitverlust

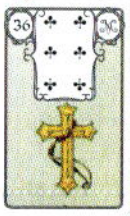

36 Kreuz
in Verbindung mit:

24 Herz

- ***davor:*** Liebe schwindet
- ***danach:*** starke Liebe
- ***darunter:*** alles wird gut

25 Ring

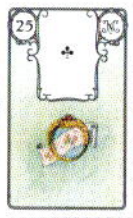

- ***davor:*** Auflösung einer Verbindung/Beziehung
- ***danach:*** feste/gute Verbindung/Beziehung
- ***darunter:*** verbindlich werden

26 Buch

- ***davor:*** Geheimnis wird aufgedeckt/löst sich auf
- ***danach:*** zum Schweigen verpflichtet
- ***darunter:*** Schweigen ist Gold

27 Brief

- ***davor:*** Kontakt bricht ab
- ***danach:*** Kontakt-aufnahme
- ***darunter:*** in Kontakt treten

28 Herr

- ***davor:*** fühlt sich vom Leben gebeutelt
- ***danach:*** hat einschlägige Erfahrungen gemacht
- ***darunter:*** soll/wird seine Bedürfnisse in den Vordergrund stellen

29 Dame

- ***davor:*** hat einschlägige Erfahrungen gemacht
- ***danach:*** fühlt sich vom Leben gebeutelt
- ***darunter:*** soll/wird ihre Bedürfnisse in den Vordergrund stellen

30 Lilien

- ***davor:*** Anziehung/Harmonie schwindet
- ***danach:*** Sex ist/wird ein wichtiges Thema
- ***darunter:*** der weiblichen Seite mehr Beachtung schenken

36 Kreuz
in Verbindung mit:

31 Sonne

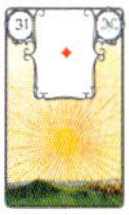

- ✧ ***davor:*** Erfolg/Kraft/Vitalität nimmt ab
- ✧ ***danach:*** Erfolg/Kraft/Vitalität stellt sich ein
- ✧ ***darunter:*** Vollgas geben

32 Mond

- ✧ ***davor:*** nervenaufreibende Phase geht zu Ende
- ✧ ***danach:*** extreme nervliche Belastung/Störung
- ✧ ***darunter:*** Nerven schonen

33 Schlüssel

- ✧ ***davor:*** keine Sicherheit mehr
- ✧ ***danach:*** absolute Sicherheit
- ✧ ***darunter:*** etwas kommt von selbst/fällt Ihnen in den Schoß

34 Fische

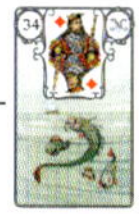

- ✧ ***davor:*** Geld kommt nicht; emotionales Problem vergeht
- ✧ ***danach:*** Geldeinnahmen nehmen zu/Geldvermehrung, Gefühlsausbruch
- ✧ ***darunter:*** Finanzen prüfen Emotionen kontrollieren

35 Anker

- ✧ ***davor:*** Arbeitsaufwand wird geringer/Rente
- ✧ ***danach:*** Arbeitsaufwand wird größer
- ✧ ***darunter:*** Fokus auf der Arbeit

Kartenlegen ist …
gründliche Analyse.

Kartenlegen ist vielschichtig. Es bedeutet sich Zeit zum Analysieren zu nehmen.

Stellen Sie sich vor, wie schön das ist, wenn Sie als Experte in der Lage sind, eine unglaubliche Fülle an Informationen aus den 36 Karten zu entnehmen.

Die Große Legung

Nachdem Sie nun schon alle Einzelaussagen der Karten gut beherrschen und Ihnen die wichtigsten Kombinationen auch einigermaßen vertraut sind, geht es jetzt los: WIR ANALYSIEREN DAS GROSSE DECK.

Wenn Sie sich an den von uns erprobten Weg halten, werden Sie schon nach kurzer Zeit des Übens beträchtliche Fortschritte machen und mit großer Begeisterung aus dem Deck eine unglaubliche Fülle von Informationen über das Leben des Fragestellers erhalten können.

Nach dem Mischen (das *Wie* ist Ihre Entscheidung, sollte aber einmal gewählt, möglichst immer beibehalten werden) legen Sie vier Reihen à acht Karten aus. Die restlichen vier Karten positionieren Sie auf die Plätze 33 bis 36 (vergleiche Kapitel 6), sie stellen die ***Schicksalskarten*** dar und sagen aus, was in der allernächsten Zukunft passieren wird.

Erinnern Sie sich an die *Häuser* – sie verraten, wie es um die jeweilige Karte steht, die derzeit in dem Haus liegt.

ERSTER SCHRITT:
Sehen Sie sich die vier ***Eckkarten*** (auf Position 1 + 32, 8 + 25) an, die momentan ein wichtiges Thema im Leben der fragenden Person verraten und verbinden Sie die Einzelaussagen der Karten und die Einzelaussagen der Eckhäuser jeweils zu aussagefähigen Sätzen.

ZWEITER SCHRITT:
Die vier Karten (auf Position 12 + 13, 20 + 21) in der Mitte haben generell Einfluss auf das gesamte Deck, sind also von zentraler Bedeutung.

DRITTER SCHRITT:
Die Hauptpersonenkarte *(Dame* oder *Herr)*, die den Fragesteller darstellt, und die direkt daran angrenzenden Karten geben Auskunft über die entsprechenden Charaktereigenschaften der Person.

VIERTER SCHRITT:

Nun werden nacheinander, beziehungsweise je nach Fragestellung, die Hauptthemen untersucht:

- ✧ ***Beruf, Arbeit, Schule*** und ***Ausbildung*** wird durch den *Anker* repräsentiert.

- ✧ ***Arbeitskollegen*** sind Personenkarten, die in irgendeiner Form mit dem Anker verbunden sind. Ihrem Charakter entsprechend, werden diese als *Fuchs, Bär, Schlange, Blumen* und dergleichen ausgewählt.

- ✧ Der ***Chef*** kann sich als *Berg* (vorausgesetzt, man kommt gar nicht mit ihm klar), *Turm* (falls er überwiegend abwesend oder hoch oben in der Hierarchie angesiedelt sein sollte) oder als *Bär* (bei enger Zusammenarbeit mit ihm und wenn er eher eine Vaterfigur repräsentiert) zu erkennen geben.

- ✧ Die Karte *Fische* repräsentiert die ***Finanzen***. Wie die finanzielle Lage tatsächlich aussieht, erkennen wir an den Umgebungskarten.

- ✧ Die Karten *Herz* oder *Ring* verraten Ihnen, wie es um ***Liebe und Beziehung*** bestellt ist.

- ✧ Wie es um die ***Partnerschaft*** steht, können Sie durch die Karten zwischen den beiden Hauptpersonenkarten ersehen.

- ✧ ***Männliche Freunde*** werden durch die Karten *Hund* oder *Bär* dargestellt, ***weibliche*** durch die *Schlange* (diese ist übrigens, als einzelne Karte, niemals falsch, sondern intelligent und gewitzt) oder die *Blumen* (hübsch, charmant, höflich und liebenswürdig).

- ✧ Wie es ***gesundheitlich*** aussieht, verraten Ihnen der *Baum* ***(Leben)*** und seine Umgebung oder auch das *Haus* ***(Körper)***.

- ✧ Alles, was Ihnen Aufschluss über ***Haus und Wohnung*** geben könnte, erkennen Sie durch die Karte *Haus*.

- ✧ Die Karte *Kind* stellt die eigene ***Kindheit, ein Kind*** oder ***Erben*** dar.

- Eine ***Reise*** kündigt sich, bei entsprechender Umgebung, durch das *Schiff* an.

- Alle Karten, die zwischen *Schlange* und *Turm* liegen, zeigen, was Ihre ***Mutter*** betrifft. Die Karten zwischen *Bär* und *Turm* geben Auskunft über Ihren ***Vater***.

- Die ***eigene Spiritualität*** wird durch die Karte *Sterne* verdeutlicht. Je näher diese am *Baum*, dem Lebensbaum, liegt, desto intensiver wird sie gelebt.

- Zusammenfassend kann gesagt werden, dass jeweils die Karten, die direkt an den Haupt-Themenkarten liegen, Bescheid darüber geben, wie es zurzeit in dem entsprechenden Bereich aussieht.

- Unsere Meinung zum Thema ***Gesundheit*** haben wir ja schon deutlich gemacht. Hier sei noch erwähnt, dass man den Fragesteller darauf aufmerksam machen sollte, der Gesundheit mehr Beachtung zu schenken, wenn die dunkle Seite der *Wolken* direkt auf den *Baum* scheint. Liegt der *Sarg* am *Haus* ist es auch besser, einen Arzt aufzusuchen, um den gesundheitlichen Zustand zu klären. Liegt die dunkle Seite der *Wolken* direkt neben dem *Kreuz*, ist eine Vorsorgeuntersuchung anzuraten, denn diese ist wahrscheinlich längst überfällig. Liegt eine Karte zwischen dunkler Seite *Wolken* und *Kreuz*, egal an welcher Stelle des Decks, kann es sich um eine ernste Sache handeln. Bitte stellen Sie keine Diagnose, sondern verweisen Sie an Ärzte!

Fünfter Schritt:

Dann deuten Sie die vier ***Schicksalskarten*** (die unteren vier Karten), die Auskunft über die nähere Zukunft geben.

Sechster Schritt:

Sehen Sie nach, welche Karten in den Häusern 16 *(Sterne)* und 36 *(Kreuz)* liegen. Diese beiden Karten erklären, was der ***Himmel*** (16) jetzt von Ihnen möchte, welches Geschenk er Ihnen macht, damit die ***Lernaufgabe*** (36), die jetzt zu bewältigen ist, erreicht werden kann. Mithilfe dieser beiden Häuser/Karten können Sie im Prinzip auch alle Probleme lösen, die durch die Legung aufgezeigt werden.

Siebter Schritt:
Nachdem die wichtigsten Themenbereiche besprochen wurden, können Sie nun anfangen Fragen zu beantworten, nach dem, was zukünftig passieren wird. Gehen Sie dabei von links nach rechts, Reihe für Reihe, von oben nach unten durch das Deck. Kombinieren Sie die Verbindungen und die angrenzenden Karten ebenso diagonal und lassen Sie sich dabei auch ruhig von Ihrer Intuition leiten. Sie werden auf diese Weise völlig neue, eigene Interpretationen der Karten zulassen und von Legung zu Legung eigene Aussagen machen können.

Nehmen Sie sich viel Zeit für Ihre Legungen. Lassen Sie sie ruhig auch einen ganzen Tag liegen, um immer mal wieder darauf schauen zu können. Wenn Sie mit Kunden arbeiten, werden Sie nicht nervös, wenn Sie anfangs nicht viel entdecken können. Statt zu *fischen*, sollten Sie lieber mit dem Keltischen Kreuz weiterarbeiten und die Fragen so präzise wie möglich formulieren. Durch das sich daraus entwickelnde Gespräch ist dem Fragenden schon sehr geholfen.

Das folgende Beispiel veranschaulicht die einzelnen Schritte:

Von der Fragestellerin erhalten wir folgende Vorabinformationen: *Sie ist geschieden und sorgt allein für ihre Kinder. Es gibt da jemanden, den sie »ganz toll findet«. Leider ist er noch in einer anderen Verbindung und lässt sich nur ab und zu einmal blicken. Die Dame ist berufstätig, jedoch häufig krank. Sie interessiert sich sehr für die Esoterik und würde ihr Hobby gern zum Beruf machen.*

Wir beschreiben zunächst die gegenwärtige Situation, denn hierbei wird deutlich, wie viel wir schon an Informationen gewinnen, ohne Aussagen über die Zukunft zu treffen, die wir ja sowieso bereits in der Gegenwart gestalten …

Die Eckkarten *(Wolke/Sonne)* lassen vermuten, dass die Fragestellerin sich damit beschäftigt, was ihrer Seele guttun würde, damit sich ihre Nerven erholen können. Sie sehnt sich nach Partnerschaft *(Sonne* in Haus *32 Mond)* und

hofft *(Schiff* in Haus *25 Ring)*, dass eine Partnerschaft auf sie zukommen wird, hat bedauerlicherweise aber keine Ahnung *(Buch* in Haus 8 *Sarg)*, wie und wodurch ihr Wunsch nach Beziehung sich erfüllen könnte *(Schiff/Buch)*.

Im Zentrum *(Kreuz/Fuchs/Fische/Kind)* sehen wir, dass ihre Finanzen momentan ein wichtiges Thema darstellen *(Kreuz/Fische)* und sie leider nicht aus dem Vollen schöpfen kann, weil nicht viel Geld vorhanden ist *(Fische/Kind)*. Zudem sollte sie einmal überprüfen, ob sie darüber hinaus nicht dazu neigt, unnötige Ausgaben zu tätigen *(Fuchs/Fische)*.

Die Fragestellerin *(Dame)* ist sehr zuverlässig *(Haus)*, braucht zum Glücklichsein aber auch selbst viel Sicherheit *(Haus/Klee)*. Sie ist ein Mensch, der nicht gerne allein ist *(Ring/Anker)* und blüht erst in einer Partnerschaft so richtig auf. Es fällt ihr sehr schwer loszulassen *(Anker)* und sie fühlt sich vom Schicksal gebeutelt *(Kreuz)*, sie hat ihr Kreuz zu tragen … Ihre eigene Personenkarte liegt in Haus *Schiff* (Position 3), was bedeutet, dass sie derzeit die Dinge auf sich zukommen lässt, sich also eher abwartend verhält.

Die Liebe wird durch das Herz symbolisiert, und auch das Haus der *Liebe* (Position *24)* gibt Aufschluss darüber, wie es um dieses Kapitel gegenwärtig bestellt ist. Die Kombination *Herz/Hund* verrät zunächst einmal, dass wir es bei der Fragestellerin mit einer sehr lieben und hilfsbereiten Person zu tun haben. Sie hat ihre Freunde, auch wenn es möglicherweise nicht viele sind, ins Herz geschlossen und ist ihnen eine gute Freundin. Allerdings tendiert sie dazu, zu viel Liebe zu geben *(Herz/Fuchs)*, einerlei ob es sich dabei um reine Freundschaft oder eine Liebesbeziehung handelt. Sie sollte lernen, das richtige Maß herzustellen, ohne Angst zu haben, dadurch Menschen zu verlieren.

Im Haus der *Liebe (Herz)* liegen die *Mäuse*. Dies deutet darauf hin, dass sie Verlustängste hat und auch, dass ihr Herz Liebe vermisst. Aber es gibt jemanden, der sie sehr lieb hat, das zeigt der Hund. Es handelt sich dabei wahrscheinlich um eine männliche Person aus ihrem Freundeskreis … Vor den *Mäusen* liegen die *Wege*. Diese Kombination deutet an, dass sie momentan nicht die Wahl hat, etwas entscheiden zu können. Möglicherweise befürchtet sie, zu viel Zeit zu verlieren *(Mäuse)*, um ihren Wunsch nach Liebe erfüllt zu bekommen. Die *Mäuse* in Haus *Herz* weisen darauf hin, dass sie von ihrem Herzensmann *(Herr* an Haus *Herz)* jedenfalls nicht das Maß an Liebe bekommt, das sie sich vorstellt.

Vielleicht kann sie einen anderen Kanal dafür finden, denn sie würde ja gern im spirituellen Bereich arbeiten. Im Haus der *Sterne* liegt der *Berg*, was bedeutet, dass sie momentan nicht weiterkommt und das Gefühl hat, jemand lege ihr Steine in den Weg. Tatsächlich ist es so, dass sie aufgehalten wird. Sie sollte deshalb nach Alternativen suchen. Dieses Stopp-Schild allerdings ist nötig, denn ihr wird dadurch klar werden, dass sie sich den Kopf einrennt und noch mehr Beulen holen wird, wenn sie so weitermacht wie bisher. Und dies betrifft alle Lebensbereiche, die Liebe und auch den Beruf. Möglicherweise sollte sie überlegen, was konkret zu unternehmen ist, um ihre beruflichen Pläne voranzutreiben. In Haus *Kreuz* liegen die *Sterne*. Ihre derzeitige Lernaufgabe ist demnach, sich Klarheit zu verschaffen und zu überlegen, was sie wirklich will und wie ihr Ziel zu verwirklichen ist, ihre Spiritualität zu leben. Dies wird ihr nicht leicht fallen, aber die Situation wird sich, wenn sie es angeht, zu ihrem Besten klären. Letztendlich wohnt die Antwort schon in ihr.

Die nähere Zukunft *(Turm/Blumen/Schlüssel/Sterne)* deutet denn auch an, dass sie mit Sicherheit Grenzen setzen wird *(Turm* in Haus *Schlüssel)*, sich auf eine finanzielle Überraschung *(Blumen* in Haus *Fische)* freuen darf und sich Klarheit darüber verschaffen wird, ob sie im esoterischen Bereich arbeiten möchte *(Schlüssel* in Haus *Anker* neben *Sterne* in Haus *Kreuz)*.

Am Haus der *Arbeit* (Position *35)* liegen die *Störche*, was auf eine Veränderung in diesem Bereich hindeutet. In Kombination mit den *Sternen* in Haus *Kreuz* kann sie davon ausgehen, dass es sich um eine erfolgreiche Veränderung handelt und sie tatsächlich Klarheit darüber erlangt, in welchem Bereich sie sich verwirklichen will.

Rösseln, spiegeln und korrespondieren

Um noch tiefer in das Große Deck einzusteigen, können Sie – wenn Sie mögen – auch noch die unten aufgeführten Kombinationsmöglichkeiten zu Ihren Interpretationen hinzuziehen. Dies ist natürlich kein Muss, sondern eine interessante Ergänzung Ihrer Deutungen, falls Ihnen die Aussagen noch nicht ausreichend genug erscheinen sollten.

Rösseln

Wahrscheinlich ist der Begriff *Rösseln* dem Schachspiel entliehen. Hierbei wählt man jeweils eine Karte des Großen Decks aus, zu der man nähere Informationen erhalten möchte:

- Ausgangskarte – eine Position nach oben oder unten, dann zwei Positionen nach rechts oder links.
- Ausgangskarte – eine Position nach rechts oder links, dann zwei Positionen nach oben oder unten.
- Ausgangskarte – zwei Positionen nach rechts oder links, dann eine Position nach oben oder unten.

Die Ausgangskarte und die durch Rösseln erreichte Karte werden anschließend miteinander kombiniert gedeutet. Die Umgebungskarten und die Karten dazwischen sind unbedeutend.

Spiegeln

Die Ausgangskarte und die dieser direkt gegenüberliegenden Karte (Spiegelkarte), in der waagerechten oder senkrechten Reihe, werden in Kombination gedeutet. Man kann sich das so vorstellen, als würde man die Seiten klappen oder ein Papier falten. Die Karten liegen also dann praktisch aufeinander:

- ✧ Position 25 spiegelt sich in Position 1 und Position 32
- ✧ Position 26 spiegelt sich in Position 2 und Position 31
- ✧ Position 18 spiegelt sich in Position 10 und Position 23
- ✧ Position 12 spiegelt sich in Position 13 und Position 20 etc.

Die vier Karten der fünften Reihe bilden eine Ausnahme, denn sie spiegeln nur mit den Karten ihrer eigenen, der fünften Reihe:

- ✧ Position 33 spiegelt sich in Position 36
- ✧ Position 34 spiegelt sich in Position 35

Korrespondieren

Beim Korrespondieren kombiniert man die Karten miteinander, die sich diagonal gegenüberliegen.

- ✧ Position 1 korrespondiert mit Position 32
- ✧ Position 2 korrespondiert mit Position 31
- ✧ Position 19 korrespondiert mit Position 14
- ✧ Position 4 korrespondiert mit Position 29 usw.

Eine Ausnahme bilden wieder die vier Karten der fünften Reihe, die aber in diesem Fall mit keiner anderen Karte korrespondieren.

1 Reiter	2 Klee	3 Schiff	4 Haus	5 Baum	6 Wolken	7 Schlange	8 Sarg
9 Blumen	10 Sense	11 Ruten	12 Vögel	13 Kind	14 Fuchs	15 Bär	16 Sterne
17 Störche	18 Hund	19 Turm	20 Park	21 Berg	22 Wege	23 Mäuse	24 Herz
25 Ring	26 Buch	27 Brief	28 Herr	29 Dame	30 Lilien	31 Sonne	32 Mond
		33 Schlüssel	34 Fische	35 Anker	36 Kreuz		

Kartenlegen ist ...
... Einfühlungsvermögen und Respekt.

Kartenlegen heißt auch, sich selbst zu überprüfen, bevor man jemanden berät.

Stellen Sie sich vor, schon nach kurzer Zeit lernen Sie das gute Gefühl kennen, anderen Menschen durch die Karten helfen zu können.

Die Beratungssituation

Jetzt haben Sie bereits vieles gelernt und an sich selbst überprüft, wie sicher Sie das Deuten der Karten beherrschen. Und nun möchten Sie gerne andere Menschen beraten.

Auch wenn wir für andere die Karten deuten, geht es dabei nicht um Wahrsagerei, vielmehr steht der Fragende oder Hilfesuchende im Vordergrund.

Wer anderen in die Karten schaut, trägt eine grosse Verantwortung: Wir erhalten Einblick in das Leben und die Entwicklung einer anderen Person, die uns ihr Vertrauen schenkt. Wie wir dem Fragesteller dieses Wissen vermitteln, ist von großer Bedeutung. Ein guter Berater sollte in der Lage sein zu unterstützen oder aber den Klienten helfen, ihre Wege neu zu koordinieren.

Mit exakten Zeitangaben sollte jeder Berater äusserst vorsichtig sein. Sicher gibt es immer wieder Erfolgsberichte über sogenannte Volltreffer: der lang ersehnte Anruf, das Treffen mit dem Herzensmann, der Unfall oder sogar der Tod einer Person. Doch dies ist nicht in unserem Sinne. Warum sollte man ein flaues Gefühl der Kunden verstärken, indem man ihnen eine katastrophale Zukunft prophezeit? Damit beraubt man sie jeder freien Entscheidung! Besser ist es, Menschen auf eventuell anstehende Ereignisse, die diese nicht ändern können, vorzubereiten. Ändern kann der Fragende allerdings die eigene Betrachtungs- und Herangehensweise, sodass vermeintliche Niederlagen in Siege verwandelt werden können.

Die Beratung ist gelungen, wenn man Problemlösungen anbietet. Entscheiden, welchen Weg jemand letztendlich gehen will, muss der Mensch selbst. Manchmal genügt nur ein Verändern des eigenen Blickwinkels, und ein Problem erweist sich plötzlich als segensreiche Hilfe und Erfahrung.

Die Berater, die wir uns vorstellen, sind genau dazu in der Lage: Sie können den Fragenden Mut machen und ihnen helfen, den eigenen Weg zu finden.

Grundsätzlich empfehlen sich ein paar Rituale, bevor Sie einen Kundentermin wahrnehmen. Ob Sie so oder anders vorgehen wollen, bleibt natürlich Ihnen überlassen. Hier (unser) ein Vorschlag, der sich bewährt hat, zu dem Sie folgende Utensilien benötigen:

- Karten/Besucherkarten (es bleibt Ihnen überlassen, ob Sie dieselben Karten verwenden, die Sie sonst auch für sich benutzen oder ob Sie sich ein Besucherdeck zulegen)

- Kopien (Vorlagen finden Sie im Anhang des Buches)
- Notizzettel, Schreibmaterial
- Kerze(n), Streichhölzer und, wenn Sie mögen, auch Räucherwerk
- Uhr

- Reinigen Sie sich, indem Sie Hände und Gesicht mit klarem Wasser waschen.
- Lüften Sie den Raum, in welchem die Beratung stattfinden wird, gut durch.
- Decken Sie den für das Kartenlegen bestimmten Tisch (Tee, Wasser, Kekse) und zünden Sie die Kerze(n) und vielleicht ein Räucherstäbchen an.
- Entspannen Sie sich. Lassen Sie eine Zeit der Ruhe und Sammlung eintreten und bitten Sie um Schutz und Begleitung. Eine Atem- oder Yogaübung könnte Ihnen helfen, sich mit dem Universum zu verbinden.
- Empfangen Sie den Fragesteller, bitten Sie ihn, Ihnen gegenüber Platz zu nehmen.

- Wenn Sie das Bedürfnis haben, bedanken Sie sich nach der Beratung bei Ihren geistigen Führern, anschließend lüften Sie den Raum erneut, um ihn von fremden Energien zu reinigen.

- Waschen Sie Gesicht und Hände mit klarem Wasser, um das Gehörte und Gesagte loszulassen.

- Es ist praktisch, sich eine Kartei anzulegen, so haben Sie auch nach Jahren einen schönen Rückblick auf Ihre Entwicklung und die Ereignisse. Vielleicht haben Sie auch noch das Bedürfnis, uns während eines Seminars oder Workshops um Rat zu fragen. Um Ihnen diese Fragen beantworten

zu können, ist uns natürlich mit nur einer oder zwei Karten aus einer Legung nicht geholfen. Wir benötigen hierzu den Kontext, sprich die gesamte Legung, egal ob *groß* oder *klein*. Also immer schön alle Legungen auf Karteikarten schreiben und in dem Karteikasten aufbewahren.
Das hilft Ihnen auch, sich zu erinnern, wenn Ihre Kunden wiederkommen.

Kopiervorlagen

Die Einzelaussagen der Karten – kompakt

1 Reiter

- ✧ Fortschritt
- ✧ erfolgreiche Unternehmung
- ✧ gute Nachricht

2 Klee

- ✧ positiv
- ✧ in Kürze

3 Schiff

- ✧ auf sich zukommen lassen
- ✧ es kommt auf Sie zu

4 Haus

- ✧ nicht auf Sand bauen
- ✧ auf lange Sicht planen

5 Baum

- ✧ Zeitaufwand in Kauf nehmen

6 Wolken

- ✧ auf die innere Stimme hören
- ✧ höheres Selbst

7 Schlange

- ✧ Intelligenz ist gefordert, benutzen Sie Ihren Kopf
- ✧ in der Realität bleiben, nicht träumen

8 Sarg

- ✧ etwas geht zu Ende
- ✧ schlechte Voraussetzung

9 Blumen

- ✧ sich auf keinen Fall provozieren lassen
- ✧ höflich bleiben
- ✧ Kreativität

10 Sense

- ✧ Vorsicht ist geboten
- ✧ sehr belastende Umstände

11 Ruten

- ✧ fachmännische Beratung hinzuziehen

12 Vögel

- ✧ Vorsicht, es gibt sonst Ärger!

13 Kind

- ✧ Neuanfang
- ✧ Warnung vor kindischem Verhalten (Trotzreaktion)

14 Fuchs

- ✧ etwas ist oder läuft falsch

15 Bär

- ✧ man kann der Sache/ dem Menschen vertrauen

16 Sterne

- ✧ alles bestens
- ✧ Erfüllung

17 Störche

- ✧ Umbruch
- ✧ Veränderung

18 Hund

- ✧ langfristig
- ✧ Geduld

19 Turm

- ✧ Trennung
- ✧ Isolation
- ✧ Rückzug
- ✧ Grenzen setzen

20 Park

- ✧ die Meinung anderer berücksichtigen
- ✧ sich öffentlich für eine Sache einsetzen/bekennen

21 Berg

- ✧ schwierige Situation
- ✧ Hindernis umgehen
- ✧ umdenken
- ✧ Alternativen finden

22 Wege

- ✧ eine Entscheidung treffen

23 Mäuse

- ✧ Zeitverlust

24 Herz

- ✧ Alles wird gut!

25 Ring

- ✧ Beziehung
- ✧ Verbindlichkeit
- ✧ Kreislauf
- ✧ Wiederholung

26 Buch

- ✧ noch nicht spruchreif
- ✧ Verschwiegenheit

27 Brief

- ✧ Nachricht
- ✧ Kontakt
- ✧ eingehender prüfen

28 Herr

- ✧ *Fragesteller:* Sollte sich und seine Bedürfnisse in den Vordergrund stellen.
- ✧ *Fragestellerin:* Lassen Sie die Meinung Ihres Partners gelten und schenken Sie seinen Bedürfnissen mehr Aufmerksamkeit!

29 Dame

- ✧ *Fragestellerin:* Stellen Sie sich und Ihre Bedürfnisse in den Vordergrund.
- ✧ *Fragesteller:* Lassen Sie die Meinung Ihrer Partnerin gelten und schenken Sie ihren Bedürfnissen mehr Aufmerksamkeit!

30 Lilien

- ✧ sich seiner Schönheit (Ausstrahlung) bewusst sein
- ✧ um den inneren Frieden kämpfen

31 Sonne

- ✧ Freude
- ✧ positive Entwicklung

32 Mond

- ✧ die Nerven schonen

33 Schlüssel

- ✧ mit Sicherheit ...
- ✧ etwas fällt einem zu
- ✧ für Sicherheit sorgen
- ✧ sich ausgeliefert fühlen

34 Fische

- ✧ finanzielle Seite genau prüfen
- ✧ Emotionen kontrollieren

35 Anker

- ✧ lernen loszulassen
- ✧ berufliche Interessen in den Vordergrund stellen

36 Kreuz

- ✧ Lernaufgabe
- ✧ das eigene Schicksal in die Hand nehmen

Das Große Deck

Name:
Datum:

Die Kopiervorlagen dienen dazu, die vorgenommenen Legungen einzutragen und nach Name, Datum und Anliegen des Fragestellers abzuheften.
Ein Tipp: Schreiben Sie sowohl Nummer als auch Bezeichnung der Karten auf. Das vereinfacht später das Auslegen, falls man sich eine Legung noch einmal ansehen möchte. Eingetragen werden die Karten dann auf folgende Art und Weise: 1 *Reiter*, 2 *Klee*, 3 *Schiff* …

Die Häuserkarten

1 Reiter	2 Klee	3 Schiff	4 Haus	5 Baum	6 Wolken	7 Schlange	8 Sarg
9 Blumen	10 Sense	11 Ruten	12 Vögel	13 Kind	14 Fuchs	15 Bär	16 Sterne
17 Störche	18 Hund	19 Turm	20 Park	21 Berg	22 Wege	23 Mäuse	24 Herz
25 Ring	26 Buch	27 Brief	28 Herr	29 Dame	30 Lilien	31 Sonne	32 Mond
		33 Schlüssel	34 Fische	35 Anker	36 Kreuz		

Das Keltische Kreuz

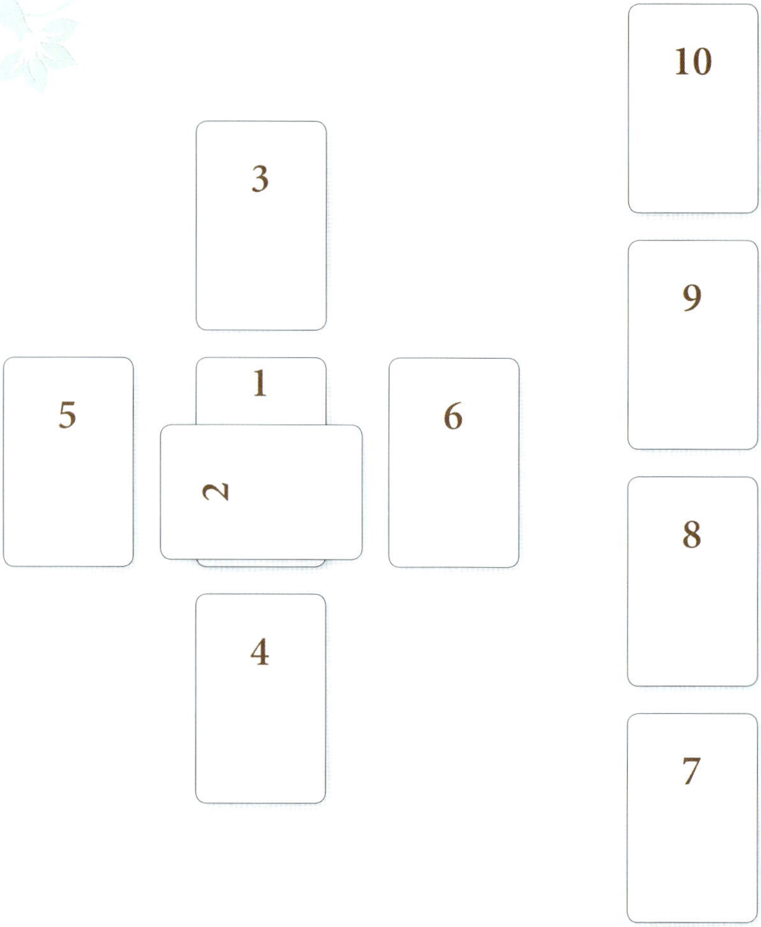

Literaturhinweise

Udo Becker: *Lexikon der Symbole*, Komet MA-Service und Verlagsgesellschaft mbh, Frechen

Georg Friedrich Benecke, Wilhelm Müller, Friedrich Zarncke: *Mittelhochdeutsches Wörterbuch*, Leipzig

Einhard Bezzel, Roland Prinzinger: *Ornithologie*, Verlag Eugen Ulmer, Stuttgart 1990

Franz Joseph Dölger: ICHTYS, Nachdruck in sechs Bänden, Peter W. Metzler Verlag, Oberhausen/Duisburg 1999-2000

Elisabeth Drabeck: *Mystisches Kartenlegen nach Mlle Lenormand*, Corona-Verlag, Hamburg 1993

Norbert Fischer: *Vom Umgang mit toten Körpern*: Zur Geschichte der Bestattungskultur in der Neuzeit. Pabst Verlag, Lengerich 2006

Jacob und Wilhelm Grimm: *Kinder- und Hausmärchen*, zwei Bände, Berlin 1812

Gunnar Heinsohn: *Lexikon der Völkermorde*, rororo, Reinbek bei Hamburg 1998

Gerhard Herm: *Die Kelten*, Econ-Verlag, Düsseldorf /Wien 1975

Otto Höfler: *Berserker*. In: *Reallexikon der Germanischen Altertumskunde* Bd. 2., Berlin 1976

Peter Janle: *Das Bild des Mondes. Vom Altertum bis zum Beginn der Weltraumfahrt*, In: *Sterne und Weltraum*. Spektrum der Wissenschaft, Heidelberg 1999

Ferdinand Janner: *Die Bauhütten des deutschen Mittelalters*, Leipzig 1876

Werner Kloos: *Bremer Lexikon. Ein Schlüssel zu Bremen*, Bremen 1980

Bernhard Lehnert: *Naturerlebnis - Mähen mit der Sense*. 2000, Edition Europa

Knaurs Lexikon A–Z, Droemersche Verlagsanstalt Th. Knaur Nachf., München 1969

www.Lilith-Kartenlegen.de

Meyers Konversations-Lexikon, 4. Aufl. 1888–1890, Bd. 6, S. 917f.

Helmut Nuhn, Markus Hesse: *Verkehrsgeographie*. Schöningh, Paderborn 2006

Norbert Ohler: *Krieg und Frieden im Mittelalter*. Nikol Verlagsgesellschaft mbH, Hamburg 1997

Hans Sarkowicz: *Die Geschichte der Gärten und Parks*, Insel Verlag, Frankfurt, 2001

Detlef Singer: *Die Vögel Mitteleuropas. Kosmos Naturführer*. Verlag Franckh, Stuttgart

Klausbernd Vollmar, *Handbuch der Traum-Symbole*, erweiterte Sonderausgabe, Königsfurth Verlag, Krummwisch 2005

Dieter Walch: *So funktioniert das Wetter*, München 2000

Jakob Wassermann: *Christoph Columbus. Der Don Quichote des Ozeans. Eine Biographie*, München 2006

Herwig Wolfram: *Die Goten*, C. H. Beck, München 2001

Stefan Zimmer: *Die Kelten - Mythos und Wirklichkeit*, Konrad Theiss Verlag, Stuttgart 2004

Erich Zöllner: *Geschichte der Franken bis zur Mitte des 6. Jahrhunderts*, C. H. Beck, München 1970

Christine Schlüter

(Sternzeichen Fische/Aszendent Zwillinge) ist in Hamburg geboren, aufgewachsen und hat hier auch studiert. Sie ist Diplom-Ingenieurin. Schon früh weckten zahlreiche Auslandsaufenthalte, vor allem in Südamerika, das Interesse der Autorin an fremden Kulturen, insbesondere an Sprache, Kunst und Literatur. Spiritualität hat in ihrer Familie eine lange Tradition, und so ist es für sie ganz natürlich, sich bewusst mit dem Sinn der eigenen Existenz, dem aufmerksamen Umgang mit anderen Lebewesen und der Umwelt auseinanderzusetzen.

Bereits seit Beginn der 1980er Jahre befasst sie sich intensiv mit dem Ursprung und der Deutung von Tarotkarten, zu denen im Laufe der Zeit die Faszination für Lenormandkarten hinzukam.

Neben der Begeisterung für Karten und deren Lesart, gilt die Liebe der Autorin ihrer Familie, der Astrologie, Schriftstellerei und Malerei.

Nach zahlreichen Artikeln hat Christine Schlüter mit »Ein Kursus im Kartenlegen« nun ein erstes Buch veröffentlicht. Ein zweites ist gerade im Entstehen.

Katrin Rosali Giza

(Sternzeichen Fische/Aszendent Skorpion) war zunächst Hotelfachfrau und absolvierte dann eine zweite Ausbildung zum mittleren Justizdienst, bevor sie ihr starkes Interesse an Tarot- und Lenormandkarten in Kursen und Ausbildungen zu ihrem Beruf als Kartenlegerin machte. Ausschlaggebend und prägend war für sie die Begegnung mit Elisabeth Drabeck, die sie 1989 tiefer in die Geheimnisse der Lenormandkarten einweihte.

Es folgten Ausbildungen als Reikimeisterin und Astrologin.

Katrin Rosali Giza ist

- Geprüfte Tarot Beraterin des ersten deutschen Tarot Verbands, 2006
- Mitglied beim ersten deutschen Tarot Verband seit 2005
- Mitgründerin von Tarot e.v., Ortsgruppe Hamburg 2005
- Mitgründerin der Norddeutschen Tarot Treffs 2006
- Gründerin des Lenormand Seminarzentrums Hamburg 2007

Nach einigen längeren Auslandsaufenthalten u.a. in Kanada und Schottland, lebt Katrin Rosali Giza heute in Hamburg und arbeitet dort hauptberuflich als Lebensberaterin und Ausbilderin für das Kartenlegen mit Lenormandkarten.

»Ein Kursus im Kartenlegen« ist ihr erstes Buch. Ein zweites ist gerade im Entstehen.

Information über Seminare und Workshops:

Katrin Rosali Giza
Struckholt 13
22337 Hamburg

Tel.: 040 – 53 33 72 71
E-Mail: info@lenormand-lenormand.de
Internet: www.lenormand-lenormand.de